KB187513

전설의 조선

傳說の朝鮮

저자 미와 다마키

편자 이시준 · 장경남 · 김광식

제이앤씨
Publishing Company

식민지시기 일본어 조선설화자료집 간행사

1910년 8월 22일 일제의 강점 이후, 2010년으로 100년이 지났고, 현재 102년을 맞이하고 있다. 1965년 한일국교 정상화 이후, 한일간의 인적·물적 교류는 양적으로 급속히 발전해 왔다. 하지만 그 양적 발전이 반드시 질적 발전으로 이어지지 않았음이, 오늘날의 상황이다. 한일간에는 한류와 일류, 영화, 드라마, 애니메이션, 만화, 음악, 소설 등 상호 교류가 확대일로에 있지만, 한편으로 독도문제를 둘러싼 영유권 문제, 일제강점기의 해석과 기억을 둘러싼 과거사 문제, 1930년대 이후 제국일본의 총력전 체제가 양산해낸 일본군 위안부, 강제연행 강제노역 등 전쟁범죄 문제 등이 첨예한 현안으로 남아 있다.

한편, 패전후 일본의 잘못된 역사인식에 대한 시민단체와 학계의 꾸준한 문제제기가 있었고, 이에 힘입은 일본의 양식적 지식인이 일본사회에 존재하는 것도 엄연한 사실이다. 이제 우리 자신을 되돌아보아야 한다. 우리는 일제 식민지 문화와 그 실체를 제대로 규명해 내었는가? 해방후 행해진 일제의 식민지 문화에 대한 비판적 연구가 행해진 것은 사실이지만 그 실체에 대한 총체적 규명은 아직도 지난한 과제로 남아 있다.

일제는 한국인의 심성과 사상을 지배하기 위해 민간설화 조사에 착수했고, 수많은 설화집과 일선동조론에 기반한 연구를 양산해 냈다. 해가 지나면서 이들 자료는 사라져가고 있고, 서둘러 일제강점기의 '조선설화'(해방후의 한국설화와 구분해, 식민시기 당시의 일반적 용어였던 '조선설화'라는 용어를 사용) 연구의 실체를 규명하는 작업이 요청된다.

이에 본 연구소에서는 1908년 이후 출간된 50여종 이상의 조선설화를 포함한 제국일본 설화집을 새롭게 발굴하여 향후 순차적으로 자료집으로 출간하고자 하니, 한국설화문학·민속학에서 뿐만이 아니라 동아시아 설화문학·민속학의 기반을 형성하는 기초자료가 되고, 더 나아가 국제사회에서의 학문적 역할을 증대하는데 공헌할 수 있기를 바라마지 않는다.

숭실대학교 동아시아 언어문화연구소

소장 이 시 준

미와 다마키와 『전설의 조선』

김광식, 이시준

1908년 우스다 잔운(薄田斬雲)의 『암흑의 조선(暗黑なる朝鮮)』을 시작으로 재조일본인을 중심으로 간행되기 시작한 일본어 조선설화집이 제국일본의 '내지'로까지 확대되는 계기가 된 본격적 설화집은 1919년에 도쿄의 박문관(博文館)에서 출간된 미와 다마키(三輪環)의 『전설의 조선(傳說の朝鮮)』이다.

미와 다마키와 『전설의 조선』에 대한 구체적인 연구는 이루어지지 않았다. 『조선총독부及 소속관서직원록』[1]과 『조선총독부 관보』 및 이를 중심으로 편집된 안용식 편, 『조선총독부하 일본인관료연구』를 참고로 미와의 조선 근무경력의 실마리를 찾아, 정리하면 아래와 같다.[2]

> 1915년 3월 13일, 치바현립 나루토(千葉縣立成東) 중학교에서 조선임용
> 1915년-1919년, 평양 고등보통학교 교사역임
> 1919년 9월 10일, 평양 고등보통학교 교사 의원면본관(依願免本官, 의원면직)

1) 朝鮮総督府, 『朝鮮総督府及所属官署 職員録』 1910年~1943年, 復刻版全33巻, ゆまに書房, 2009.

2) 안용식 편, 『조선총독부하 일본인관료연구』 I (인명별), 연세대학 사회과학연구소, 2002, 287쪽; 『朝鮮總督府官報』 784號, 1915.3.17, 236쪽; 朝鮮総督府, 『朝鮮総督府及所属官署 職員録』, 1915~1919년을 참고

『전설의 조선』 표지에는 평양 고등보통학교 교사로 미와를 소개하고 있다. 『전설의 조선』의 판권지에 따르면, 정식으로 이 책이 발간된 일자는 1919년 9월 20일로 되어 있다. 그러나 실제로 미와는 그 10일 전에 퇴직서를 제출한 것이다. 1919년 3.1운동 직후, 미와가 퇴직하게 되는 사정과 심경의 변화가 자못 궁금하지만, 현재 확인 가능한 사항은 미와가 1915년 3월에 내지의 치바현립 나루토 중학교에서 평양 고등보통학교(식민지 중등교육기관)에 부임하여 약 4년 5개월간 교사로 재직했다는 것이다. 미와의 자세한 경력은 알 수 없지만, 그가 서예 및 작문 지도에 능숙한 국어(일본어) 교사였음은 분명하다.

미와는 1901년에 152페이지에 이르는 『보통편지 주고받기(普通手紙のやりとり)』를 치바현의 마쓰오마치(千葉縣松尾町)의 정춘당(正賰堂)에서 발간했다. 그 후 미와는 1917년에 평양의 협판문선당(脇坂文鮮堂)에서 약 300페이지 분량의 『일용문독습(日用文獨習)』을 발간했다.

미와는 1919년 9월 10일자로 퇴직서를 제출하고 일본으로 돌아간 것으로 보이며, 귀국을 전후로 하여 『전설의 조선』이 도쿄 박문관에서 출간되었다. 특기할 만한 사실은 다음해 1920년 3월에 조선총독부에서 편찬된 『고등습자첩(高等習字帳)』권1에서 권4, 그리고 사범과용 등 총 5권의 습자첩을 발간했는데, 그 필자(筆者)는 미와로 되어 있다. 1919년 9월 사직 이후에도 조선과의 관계는 한동안 계속된 것이다. 미와는 조선총독부로부터 귀국 전에 습자첩의 집필을 의뢰받은 것으로 보이며, 미와의 귀국으로 인해, 초판은 도쿄 수영사(秀英舍; 1876年에 창립된 수영사는 1935년 일청(日清)인쇄와 합병해, 대일본인쇄가 됨)인쇄소에서 인쇄되어 조선총독부에서 발행되었다. 국립중앙도서관에 소장된 권2는 1922년 8월에 도쿄 박문관 인쇄소에서 증쇄 인쇄된 것으로 보아, 박문관과의 관계는 일정 기간 계속된 것으로 보인다. 참고로, 국립중앙도서관에 소장된 권1은 1922년 9월에 조선총독부 서무부인쇄소에서 인쇄되었다. 이처럼 『고등습자첩』 5권은 1920년 3월 도쿄 수영사 인쇄판, 1922년 8월 도쿄 박문관 인쇄판, 1922년 9월 조선총독부 서무부 인쇄판 등 적어도 3회 이상 발간된 것으로 보인다.

계속해서 본장에서는 『전설의 조선』에 관한 당대의 서평과 선행연구를 고찰보고자 한다. 전술한 바와 같이, 『전설의 조선』 이전에도 일본어 조선 설화집이 간행되었지만, 그 대부분은 조선에서 간행되었다. 당시 출판 및 출판사의 영업망의 미비로 인해 식민지 조선에서 발간된 책을 내지에서 구해보는 것은 쉬운 일이 아니었다. 실제로 조선에서 발간된 설화집이 내지의 신문에서 광고되거나 소개된 적은 없다. 이와 달리, 『전설의 조선』은 박문관이라는 내지의 유명 출판사에서 발행된 것도 작용하여, 발간과 동시에 제국일본의 신문에 소개되었다는 점에서 주목된다.

1919년 9월 30일자 도쿄아사히신문의 박문관 광고란에 『전설의 조선』이 포함되어 게재되었고, 1919년 10월 1일에는 요미우리신문에도 게재되었다. 1919년 11월 2일 아사히신문에는 다음과 같은 서평이 실렸다.

> 전설의 조선(미와 다마키 저) 산천, 인물, 동식물, 동화의 4편으로 분류, 조선에 전해지는 전설 수백 종을 엮은 선인(鮮人, 조선인의 차별적 호칭)의 풍습 및 심리 연구는 목하(目下)의 급무인 바, 본서는 이 방면에 관해 좋은 자료가 될 것이다(금 90전, 박문관)[3]

또한 종합월간지 『太陽』(1919.11)에도 다음과 같은 서평이 실렸다.

---

3) 「出版界」, 『東京朝日新聞』, 1919년 11월 2일, 6면.

> 조선의 문화는 오래되었고 고대에서 중세에 걸쳐 일본 문화의 가장 많은 부분은 조선에 의지했다. 그 오랜 조선 문화의 자취는 오늘날에도 그 단편적 흔적을 다방면에서 엿볼 수 있는데, 그러나 그것은 물상적(物象的)이 아니라, 오히려 민간의 유습(遺習)이나 구비 전설 등에 풍부하게 잔존한다. 이 점에서 이 책은 조선문화사의 귀중한 일편을 이루는 좋은 연구이다. 이러한 학문상의 의미를 제쳐두고라도, 단순히 읽을거리로서 다양한 기괴 불가사의한 이야기가 많이 수록되어 있어 매우 재미있다. 저자는 다년간 조선에서 교편을 잡고 있는 독학자(篤學者)이다(금 90전, 박문관)[4]

제국 일본의 대표적 종합월간지 『태양(太陽)』과 도쿄아사히신문의 서평은 조선문화사를 이해하기 위한 좋은 자료집으로서 그 가치를 높이 평가하고 일독을 권하고 있다. 이러한 내용은 루쉰의 동생 저우쭤런(周作人)에게도 관심이 대상이 되어, 그 일부를 1925년 5월 베이징의 『語絲』(신조사 新潮社)에 소개하고, 간단한 평론과 함께 미와의 수록설화 일부를 중국어로 번역하여 실었다는 점도 특기할 만 하다.[5] 내지의 유명 출판사에서 출판되어 내지인 및 일본체재의 동아시아인에게 본격적으로 처음 소개된 『전설의 조선』에 대한 구체적인 검토가 요청되는 바이다.

계속해서 『전설의 조선』에 대한 선행연구를 고찰하고자 한다. 근대 이후 발간된 조선설화집에 대한 많은 연구가 존재한다. 문제는 최근 백여년 사이에 발간된 책들임에도 불구하고, 유실된 책들이 많고, 근대서지학에 대한 불충분한 문제의식으로 인해 제대로 된 목록이 미비하였으나, 최근 그 전체상이 밝혀지고 있다.[6] 선행연구에서 『전설의 조선』에 대한 서지정

---

4) 「新刊紹介」, 『太陽』 25-13, 1919년 11월, 192쪽.

5) 신정호·이등연·송진한, 「'조선작가' 소설과 중국 현대문단의 시각」, 『중국소설논총』 18집, 2003, 495쪽.

6) 선행연구에 대한 문제제기와 새로운 목록 작성은 아래 논문을 참고.

보는 기록되어 왔으나, 이에 대한 구체적인 언급은 적다.[7)]

『전설의 조선』에 대한 구체적인 최초의 언급은 최인학(1974)에 의해서다. 최인학은 책의 내용을 소개하고, "이 책은 동화편 뿐만 아니라, 전편에 걸쳐 참고가 되는 민담 자료가 많이 있음을 지적할 수 있다. 게다가 당시 편자의 직책이 평양 고등보통학교 교사였다는 것으로 보아서 채집지를 표기하지 않았지만, 북한의 자료를 많이 수록했음을 알 수 있다"며 구비문학적 특성에 주목했다.[8)] 염희경(2003)은 〈해와 달이 된 오누이〉의 호랑이상을 고찰하며 미와의 〈태양과 달(太陽と月)〉을 들고 채록설화의 성격이 강한 초기 설화집으로, 그 후 일본에서 출판된 자료집들에 영향을 주었다고 지적했고,[9)] 김환희(2007)는 〈나무꾼과 선녀〉담의 근대적 변용을 고찰하면서 일본인 설화집 중, 구비문학적인 특성이 담긴 설화로 〈빼꾸기(郭公)〉를 들고 있다.[10)]

가지이(1980)는 최인학의 지적을 소개하고, "어느 지방에서 어떻게 채록했는지는 전혀 기록되지 않은 것은 아쉽다. (중략) 조선의 전설, 동화를 일본에 소개한 일본인의 업적으로서는 아마도 이것이 최초의 것이 아닐까"

李市埈·金廣植, 「日帝强占期における日本語朝鮮説話集の刊行とその書誌」, 『日本言語文化』 第21輯, 韓国日本言語文化学会, 2012.
金廣植·李市埈, 「植民地期日本語朝鮮説話採集に関する基礎的考察」, 『日語日文学研究』 第81輯, 韓国日語日文学会, 2012.

7) 崔仁鶴, 『韓国昔話の研究—その理論とタイプインデックス—』, 弘文堂, 1976.
이재윤, 「한국설화의 자료 수집 연구사」, 『세종어문연구』 5·6집, 1988.
조희웅, 『설화학 綱要』, 새문사, 1989.
이재원, 「문헌설화의 연구사 고찰」, 『한국체육대학교 교양교육논문집』 7호, 2002.
강재철, 「설화문학에 나타난 권선징악의 지속과 변용의 의의와 전망」, 단국대학교 동양학연구소편, 『한국민속문화의 근대적 변용』, 민속원, 2009 등을 참고.

8) 崔仁鶴編著, 「韓國昔話資料文獻」, 『朝鮮昔話百選』, 日本放送出版協会, 1974, 310쪽.

9) 염희경, 「〈해와 달이 된 오누이〉에 나타난 호랑이상」, 『동화와 번역』 5, 2003, 10쪽.

10) 김환희, 「〈나무꾼과 선녀〉와 일본 〈날개옷〉 설화의 비교연구가 안고 있는 문제점과 가능성」, 『열상고전연구』 26, 2007, 92쪽.

하고 지적했다.[11]

조희웅(2005)은 "이 시기 출간됐던 전설집으로는 대표적인 것이다. (중략) 많은 자료를 수록하고 있으며, 후대 설화집들에 거듭 나타나는 주요한 자료들을 망라하고 있다는 점에서, 매우 주목할 만한 문헌이라고 할 수 있다"고 평가했다.[12]

박미경(2009)은 "이 책은 저자가 서문에서 밝히고 있듯이 채록설화의 성격이 강한 설화집이다. 특히 이 설화집은 후대 설화집들에 반복해서 나타나는 주요 설화들을 망라하고 있는 점에서도 흥미롭다. 즉 이후에 출판된 설화집에 많은 영향을 준 설화집이라는 점에서 매우 주목할 만한 문헌이라고 할 수 있다"고 평가하였다.[13]

많은 선행연구에서 구비문학적 채록설화의 성격이 강한 설화집임을 평가하고, 후대 설화의 영향 관계를 논하였음을 알 수 있다. 실제로 『전설의 조선』에는 139편에 이르는 조선설화가 실려 있고, 1920년대 이후 나카무라 료헤(中村亮平)[14] 등이 이를 소재로 하여 어린이용 동화로 재화한 것으로 판단되므로, 그 실상에 대한 구체적인 검토가 요청된다. 이처럼, 『전설의 조선』은 다카하시 도루의 『조선 이야기집과 속담』 등에서 보이는 조선(인)에 대한 편견 등이 배제된 자료집으로 높이 평가되어 왔고,[15] 실제로 『전설의 조선』에 수록된 형제담, 〈태양과 달(太陽と月)〉, 〈뻐꾸기(郭公)〉 등의 개별 설화가 비교 분석되었음을 확인했다. 그러나 그 중요성에도 불구하

11) 梶井陟, 「朝鮮文学の翻訳足跡(三) - 神話, 民話, 伝説など -」, 『季刊三千里』 24号, 1980, 177쪽.
12) 조희웅, 「일본어로 쓰여진 한국설화/한국설화론1」, 국민대학교 『어문학논총』 24집, 2005, 20-21쪽.
13) 박미경, 「일본인의 조선민담 연구고찰」, 단국대학교 『일본학연구』 28집, 2009, 80쪽.
14) 中村亮平編, 『朝鮮童話集』, 冨山房, 1926; 中村亮平他編, 『支那·朝鮮·台湾神話伝説集』, 近代社, 1929.
15) 高橋亨, 이시준·장경남·김광식 편, 『조선 이야기집과 속담』, J&C, 2012의 해제를 참고.

고, 그 전체상에 대한 고찰은 이루어지지 않았다.

미와는 서문에서 구비전설(구전설화)의 중요성을 언급하고, 전설의 이면과 근원에 관심을 보였다. 전설 내용의 착오와 오인을 인정하였지만, 황당무계함 속에 담겨진 이면(裏面)에 관심을 가지고 직접 수집한 구비전설을 기록했다고 적고 있다. 선행연구에서 많은 논자가 지적한 바와 같이, 『전설의 조선』은 채집 경로를 구체적으로 기록하지는 않았지만, 서문을 통해서 구비전설을 수집 채록한 설화집으로 볼 수 있다.

계속해서 실제로 설화집의 내용을 살펴보자. 박미경은 4편 구성 중, 제1편 산천(34화), 제2편 인물(38화), 제3편 동식물 및 잡(40화), 제4편 동화(25화) 총 137화의 설화가 수록되었다고 지적하였다.[16] 이에 대해 조희웅은 제 3부의 목차에는 40화 밖에 보이지 않으나, 본문에는 제3편 끝에 〈서묘(廟)〉와 〈아이 낳는 돌(子授け石)〉 두편이 더 있다고 지적했다.[17] 그러나 목차에 40화 밖에 보이지 않는다는 것은 잘못된 지적이다. 양자는 국립중앙도서관 디지털 판을 참고로 텍스트를 접한 것으로 판단된다. 왜냐하면 국립 중앙도서관 디지털 판본은 스캔의 실수로 가장자리가 제외되어, 3편이 40화로 보이지만, 실제로 원본을 확인하면 〈서묘〉와 〈아이 낳는 돌〉이 기록되어 있다. 계속해서 『전설의 조선』에 수록된 139편의 설화를 동화(민담)을 중심으로 소개하면 〈표 1〉과 같다.

---

16) 박미경, 같은 논문, 79-80쪽.

17) 조희웅, 같은 논문, 21쪽. 더불어 목차의 표기가 몇 군데 잘못된 것을 지적하였는데, 본문에는 제대로 기록되었다. 단지 조희웅 교수는 동화가 23편이라고 잘못 기록하고 있다.

〈표 1〉『전설의 조선』에 수록된 설화 목록

분류	작품	비고
제1편 산천(34화)	1청류벽(淸流壁) 2대주가(大酒家) 등	산천전설 평안도전설중심
제2편 인물(38화)	35단군(檀君) 36삼주신(三柱の神,삼성혈) 37박씨(朴氏, 혁거세) 등	인물전설
제3편 동식물 및 잡(42화)	73너구리(狸) 74우산당(禹山堂) 등	동물전설, 민담, 식물전설 등
제4편 동화(25화)	115두형제 116불효자식 117욕심장이 사내 118한자어 사용 119우형현제 120며느리와 시어머니 121바보사위 122양자 123여우의 재판 124원숭이의 재판 125호랑이를 탄 도둑 126호랑이와 표범 127호랑이 엉덩이에 나팔 128하루살이와 호랑이 129여우와 게의 경주 130원숭이 엉덩이와 게다리 131토끼 꼬리 132넙치 눈과 메기 머리 133두꺼비 배 134거북이와 토끼 135사이 나쁜 개와 고양이 136다리 부러진 제비 137태양과 달 138뻐꾸기 139떡보	민담

원문에는 번호가 없지만, 편의상 순번을 정했음.

1908년 우스다 잔운의 『암흑의 조선』에는 〈조선총화〉가, 1910년 다카하시 도루의 『조선 이야기집과 속담』 등에는 각기, 물어(이야기), 야담, 속전, 동화라는 용어를 사용하여 조선설화를 배열 수록하였다. 이에 비해 미와는 산천(34화), 인물(38화), 동식물 및 잡(42화), 동화(25화)으로 조선설화 총 139화를 최초로 분류 수록했다는 점에서 중요하다. 그 분류방식이 매우 간단하고 초보적이며, 그 일부는 적절하지 않은 것으로 판단되는 것도 존재하지만, 처음으로 설화를 분류했다는 점은 특기할 만하다.

『전설의 조선』은 내지의 일본인 독자를 상정해 간행된 조선 설화집으로 내지에서 널리 읽히고, 일본에 체재한 저우쭤런(周作人)에 의해 그 일부가 중국어로 번역되는 등 후대의 설화집에 큰 영향을 미쳤다. 전설과 민담으로 나누어 구전설화를을 다수 수집하여, 채록자로서 서술에 충실한 점이

나 개인적 감상을 배제한 점 등에서 자료의 가치가 인정되나, 한편으로 채록자 및 채집 경로를 명기하지 않아 근대설화집으로서 한계를 노정하고 있다. 그럼에도 불구하고 1910년대에 집대성된 최초의 일본어 조선전설집으로 인정된다.

수록 내용은 구전설화가 그 중심을 이루고 있지만, 제2편 인물에서는 문헌설화를 다수 수록하여 구전설화와 문헌설화를 동시에 수록했다는 점도 주목된다. 특히 인물설화는 일본과 관련된 설화를 다수 수록하여 비록 그 서술이 노골적이지 않지만, 〈일선동조론〉에서 자유롭지는 않다고 평가할 수 있겠다. 미와의 후대설화에의 영향과 그 변용에 대한 검토는 앞으로의 과제다.

문헌설화는 일본에서 출판되었기 때문에 일본인 독자를 대상으로 추가되었을 가능성이 있으며, 미와 설화집의 주요 내용은 구전설화로, 1910년대 평양을 중심으로 채집한 설화를 바탕으로 간행된 설화집으로 주목된다. 특히, 분단 상황에서 그 채록에 한계가 있는 이북 설화가 많이 수록되었다는 점에서 중요한 자료집으로 평가된다.

■ 참고문헌

三輪環, 『伝說の朝鮮』, 博文館, 1919.

近藤時司, 「朝鮮の伝說について」, 『東洋』 27-8, 東洋協會, 1924.

梶井陟, 「朝鮮文學の翻譯足跡(三) - 神話,民話,伝說など - 」, 『季刊三千里』 24号, 1980.

高木敏雄, 『童話の硏究』, 講談社, 1977.

增尾伸一郎, 「孫晋泰『朝鮮民譚集』の方法」, 『韓國と日本をむすぶ昔話』, 東京學芸大學報告書, 2010.

崔仁鶴編著, 「韓國昔話資料文獻」, 『朝鮮昔話百選』, 日本放送出版協會, 1974.

13 전설의 조선

朝鮮總督府, 『朝鮮總督府及所屬官署 職員錄』 1910年~1943年, 復刻版全33卷, ゆまに書房, 2009.

『太陽』 25-13, 1919.11.

『東京朝日新聞』, 1919.11.2.

李市埈·金廣植, 「日帝强占期における日本語朝鮮說話集の刊行とその書誌」, 『日本言語文化』 第21輯, 韓國日本言語文化學會, 2012.

金廣植·李市埈, 「植民地期日本語朝鮮說話採集に關する基礎的考察」, 『日語日文學硏究』 第81輯, 韓國日本言語文化學會, 2012.

김광식, 「근대 일본의 신라 담론과 일본어 조선설화집에 실린 경주 신화·전설 고찰」, 『연민학지』 16집, 2011.

김환희, 「〈나무꾼과 선녀〉와 일본 〈날개옷〉 설화의 비교연구가 안고 있는 문제점과 가능성」, 『열상고전연구』 26, 2007.

신정호·이등연·송진한, 「'조선작가' 소설과 중국 현대문단의 시각」, 『중국소설논총』 18집, 2003.

안용식편, 『조선총독부하 일본인관료연구』 I (인명별), 연세대학사회과학연구소, 2002.

염희경, 「〈해와 달이 된 오누이〉에 나타난 호랑이상」, 『동화와번역』 5, 2003.

조희웅, 「일본어로 쓰여진 한국설화/한국설화론1」, 국민대학교 『어문학논총』 24집, 2005.

박미경, 「일본인의 조선민담 연구고찰」, 단국대학교 『일본학연구』 28집, 2009.

다카하시 도루, 이시준·장경남·김광식 편, 『조선 이야기집과 속담』, J&C, 2012.

이시이 마사미 편, 최인학 역, 『1923년 조선설화집』, 민속원, 2010.

朝鮮平壤高等普通學校教諭 三輪環 著

傳說の朝鮮

東京 博文館藏版

はしがき

世界の何處の國にも何處の里にも、傳說の無い處は無い。

凡そ人類が棲息して或る年處を經れば、正史も野乘も出來るが、一方には口碑傳說が其の間に於て、否、其の以前より生じ來り、口より耳に、耳より口に、斷片的に、風の如く夢の如く、人の腦に入り胸に潜むのである。

而して、傳說には、今日の科學的見地よりしては、奇怪、不思議、不合理と認むべきものが尠なくない。隨つて世人は、荒唐不稽の四字を以て之を評し去り、遂に一噱に附する者が多い。然し吾人は、其の荒唐不稽の裡に於て、一種の興味を喚起する事が出來ると思ふ。

凡そ事物に利害の附き纏ふのは、已むを得ぬ所として、所謂正史とても憚りて載せざる事があり、傳說にも裏面の消息を窺ふに足るべきものがある。只憾む、口碑といひ傳說といひ、或は記臆の謬錯があり、傳聞の訛誤があり、或は此より彼に、彼より此に移動轉嫁せるものも尠なくない。これが爲に同一又は類似の說話の各所に殘るありて、其の根元を察するに苦むものが多い。而しこれ等の考證は之を他日に期して、今は玆に只、蒐集せる朝鮮に於ける口碑傳說を列記したのである。

大正八年七月

瑞氣山下にて

貫齋學人識す

目次

第一編　山川

第二編　人物

第三編　動植物及雜

第四編　童話

目次終

傳說の朝鮮

三輪環著

第一編　山川

清流壁

平壤の東部轉錦門外にあり錦繡山の一部

昔は、今の清流壁の所は、一つの平地であつて、岩も何も無かつた。だから、洪水の時は、大同江の水が、今の平壤の第一公立普通學校の前を流れたので、市街の損害は尠くない。それは人命を失ふやら、財産を流すやら、非常に困難したものである、その頃は、大同江の本流は寺洞の方にあつたのである。

或る貧家の青年に薛某といふのが居た。この青年は朝から晩まで繩を綯つたり、草鞋を作つたりして、せつせと家業を勵んで居た。ある日、その製作品を擔つて平壤に來て問屋に卸し、さて家に歸らうとして江岸を通つたのである。日は全く暮れて人の顔も見分け難い頃となつた。一人の漁夫がチゲの上に大きい魚を載せて、船から上つて出て來た。青年は何氣なしにこの漁夫の後に尾いて行くと、漁夫は獨言をいひながら、

馬鹿に重い鯉だな。

といふと、チゲの上の鯉は、

重いなら早く大同江に放してくれないか。

と云つた。然しそれは漁夫には聞えなかつたらしい。青年は、

チゲは脊負梯子の如きもの

この鯉は平凡なものではあるまい、何にしても可哀そうなものである、今こゝに丁度錢があるから、買ひ取つてやらう。

と思つたから、漁夫に聲をかけて、その鯉を買つて、水に放してやつた。鯉は二三回水の上を躍ね回つて、やがて水の中に沈んで行つた。

靑年は、

ア、今日はよい事をした。

と喜んで家に歸つた。その晩に、二人の童子が來て、龍宮の王樣が貴公に逢ひたいとて、私共を使によこしたのだから、どうぞ一緒に行つて下さい。

と云ふ。靑年は斷つたが、二人は、

それでは我々が使の役に立たない。

とて無理に連れて行かうとする。仕方が無いから、二人に尾いて行くと、實に驚くべき立派な御殿に着いた。門も家も金銀珠玉を鏤め、庭の砂は水晶を篩つた樣で、目も眩むばかりである。青年が來たといふので、王樣は自身で出迎へて奧に導いて吳れる。青年は恐る〳〵王樣の側に着席すると、王樣は親切に勞はつて、さて、

貴公は私の息子を救つてくれた恩人である。昨日、私の息子が漁夫に捕へられて、將に食はれやうとした處を、貴公が救つてくれたので無事に歸る事が出來た。今日は是非お目にかゝつてお禮を述べたいと思つて使を上げましたのに、早速お出下さつて誠に有り難い。どうぞゆる〳〵遊んで行つてくれるやうに。

と云つて、珍らしい御馳走を澤山出した。

青年は愉快にこゝに居たが、何日までも居る譯にも行かないから、家に歸りたいと云ふと、王樣は、

それならば何かお土産を上げたいが、貴公の希望を一つ聞かせて貰ひたいと問ふ。この青年はこの時、平壤の人が毎年の樣に洪水で困つて居るから、それを何とかして貰ひたい。又大同江は寺洞の方を流れて居るが、それでは平壤の景色も惡いし、又、運漕にも不便だから、牡丹臺の方を流れる樣にして下さい。

王樣はその心懸のよいのを譽めて、それは造作も無い事である。三日の中にお前の望を叶へてやらう。それには大雨を降らせなければならないから、人々に其の事を話して置くがよいと敎へた。

青年は王樣に暇乞して家に還つたが、早く平壤の人々にこの事を知らせなくてはならぬ。とて其方此方に知らせたが、誰一人之を信ずる者も無く、皆氣違扱ひにするのみか、果は人を欺く不屆者だとて、觀察使は之を捕へて牢へ入れやうとした。この時、一天俄にかき曇り、雷電起り、大雨盆を覆す如く、天の底が拔けたのでは無いかと思はれる程であつたが、この大雨は三日も續いて降つた。その大雨の中に龍が出て牡丹臺の下から西南に上天した。その迹が大きい溝になつたが、大雨の水はそこを流れる樣になつた。そして淸流壁には屛風の樣な丈夫な岩が出來たので、水は平壤市街に流れ込まなくなつた。

市民が薛氏の德を記念する爲に建てた堂は、今は無くなつたが、薛岩里の名は平壤のあらん限り殘るであらう。

今の縣知事道長官の如き官

玄武門の東北に聳ゆ。

平壤府の町の名

大　酒　家

昔、平壤から元山へ行く人があつた。その人がまづ長慶門を出て淸流壁の下を通り、酒岩山に上つて酒を飮み、大同江を渡つて大醉島に着いた。その

咸鏡南道

時は大いに酔つて前後も知らぬ程になつた。それから笠岩に來て笠を脱ぎ、衣岩で周衣を脱ぎ、尙進みて回沼に行つた。又出かけやうとしたが、非常に酔つて眩暉して二三回くる／＼と回つて、休岩で漸く醒め、そこで衣服を整頓して暫く休んで出かけて行つた。

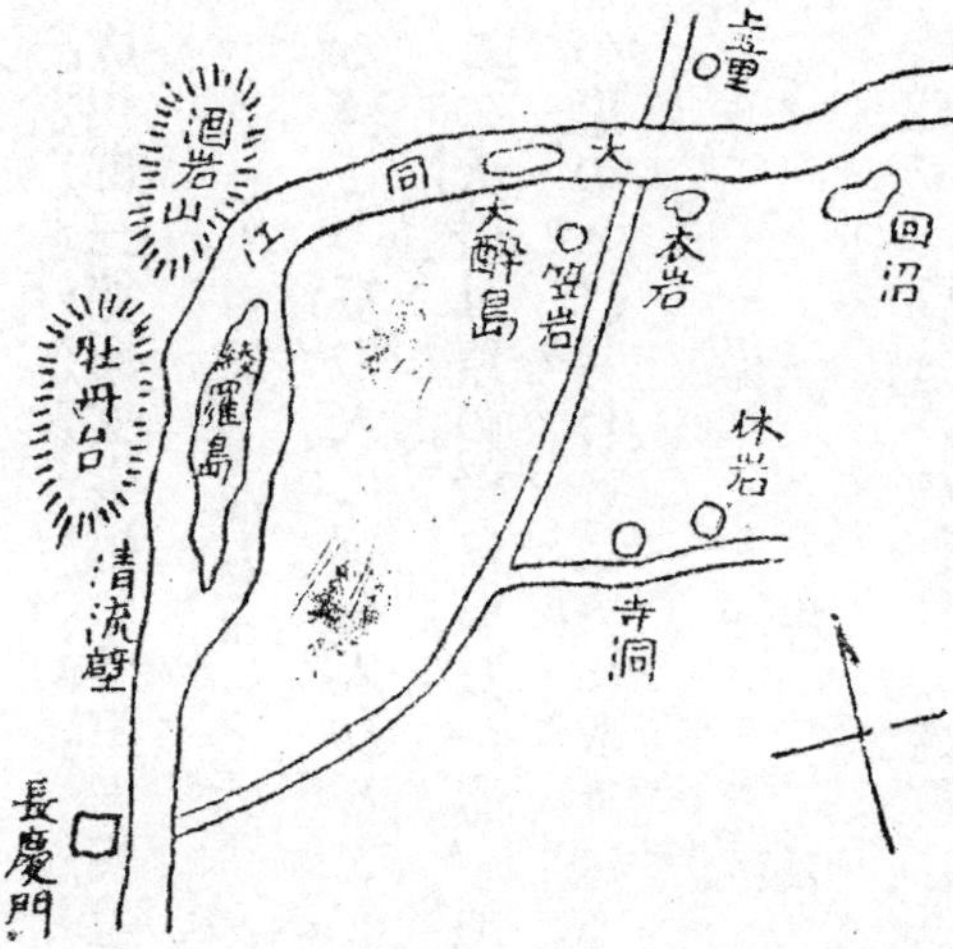

そこで、今もその場所には、各々其の名を付けてある。

二つの岩

平壤から興部に行くには大同江の邊を通るが、左は丘陵が續いて其の下に小徑がある。その小徑の約半分路に二つの岩がある。この岩の間に小石を挿

兄弟岩又は子を負うた岩ともいふ

むと綾羅島に不良女子が出來る。

又、

成川郡三徳面玄峯里の外里と安里との中間に大きな岩があり、其の岩に昔のマグハルミ(마구할미)と云ふ女の拳の跡が、四尺程の高さの處に殘つて居る。この拳の穴に石を入れると、兩里の中の誰か一人が逃亡する。

この大岩は路の傍にあるから、通行の人が惡戯に石を入れる事があるが、この里の人は見付け次第に取り去るのが常習である。

大聖山

平壤から東北の方三里に大聖山(大城山ともいふ)といふ山がある。九百尺程の禿山であるが、其の上には城壁の趾もあり、古瓦の破片などはいくらでもある。又其の南麓に土手を回らした松林がある。傳說によれば、高勾麗

皇紀一千二百四十六年

の平原王の二十八年に築城して、平壤から移つた所であつて、安鶴宮がそれだといふ。

又一說に、

高勾麗の東明王の別宮で、彼の有名な鹿足夫人がこゝに居り、一產に九人の子を生んだので、これは不祥だとて、箱に容れて大同江に投じたら、それが流れ〳〵て支那に入り、海邊に漂着した。それを誰かゞ拾ひ上げて育てた處が、九人共に立派に生立ち、遂には大將軍となりて朝鮮に侵入して來た。東明王は大層之れを心配したが、夫人は平氣なもので、

敵將九人は、皆自分の子であります。ですから私が行つて直接に話をしませう。

皇紀六二四一六四○

とて、大同郡の斧山面の此の嶺に上つて、

お前等九人は皆わが子である。子として父母の國に弓を彎くといふ事があ

大　聖　山………(九)

るか。

と詰つた。

この時九人の大將は初めて父母の國たる事を知つて、この大聖山城に還り樂しく暮した。今の鹿水庵頭陀寺はその遺趾である。

又一説に、

鹿足夫人は其の名の如く足が鹿に似、又其の髮は短くて毬栗の如く常に防寒用の風防といふものを冠つて居た。

鹿足夫人に七人の子があつたが、皆母に似て鹿足であつた。夫人はいつもこの子供等に足袋を穿かせて置いた。或る時その末子が足袋を脱いだので、夫人は大いに怒つて此の七人の兄弟を大同江に投げ込んだ。

七人の兄弟は不思議にも沈まないで、流れ〳〵て支那の海岸に着いて、或る人に救ひ上げられて武藝を習ひ、立派な將軍になつた。

其の後七將軍は、兵を率ゐて朝鮮を伐ちに來た。東明王は大いに恐れて之を防いだが、七將軍の勢は非常に强い。夫人はこの時七將軍といふ事を聞いて、「或は自分の子ではないか」と思つて、王の許を得て、大聖山の前の丘に上つた。

汝等は皆わが子である。我は鹿足夫人、汝等を生んだのは我なるぞ、我が髪はかく短く、我が足は鹿足である。お前等もその通であらう。わが乳には七つの穴がある。お前等は昔の事を忘れたのか、今一度わが乳汁を飲んで見よ。

とて、自ら乳を搾ると七つの穴から出る乳汁は七線になつて、遙に隔てゝ居る七人の口に入つた。

七將軍は之を見て、直に兵に命じて戰を止め、相攜へて母の前に來て其の不孝を詫び、共に王宮に歸つて父王にも逢つたのである。大聖山の麓を流れる川を合掌川といふのは、この時七將軍が不孝を詫びて夫人の前に合掌したといふ記念である。

又一說に、

平安南道安州郡廳を西南に距る九里の處に、十二三千平野といふ廣い野がある。

東明王の妃が一產に十二の男兒を生んだ。それが皆母に似て、足が鹿の足の樣である。これは不詳だといふので、箱に入れて海に流した。それから漢國に流れ着いたから、漢の人が拾つて育てた處が、皆偉い將軍になつた。當時漢では朝鮮征伐を企てゝ、この十二將軍に各三千人の兵を附けて出發させた。朝鮮では之れを防ぐ事が出來なかつたが、王妃は、

自分一人で何とでもする。

と云ふから、之れを任せた。

王妃は一人でこの平野に出で、高い臺地を作つて、十二將を招いで、まバ足袋を出して試ると丁度よく適ふ。次に乳で試ると、乳は十二の脈になつて出る。この時十二將軍は初めて自分の生母である事を知つて、遂に降參して、其の處へ古行城を築いた。

その後この地を十二三千平野と呼んで居る。

白鷺里

平安南道の永柔に白鷺里といふ處がある。

昔、李座首といふ人、家の前に池を掘り、周圍に柳を植ゑて魚を養ひ、時時は魚釣をして樂んで居た。

ある時その柳の木に白鷺が巣を營けて、雛を育てゝ居ると、大きな蛇が來て其の雛を食はうとする。座首はこれを見て、刀を投げ付けると、丁度甘く蛇に中つて、刄の先が折れ込んだから、蛇は池の中に落ちて死んで仕舞つた。

その翌年、青葉涼しき柳の蔭に、座首は釣をして居ると、大きな鰻が釣れた。これを持つて歸つた座首は晩酌の肴が出來たと喜んで、之を料理して腹を割いて見ると、昨年蛇に打ち込んだ刄の先が出た。

これは不思議だ。

とは思つたが、そのまゝ煮て食べた。

翌日から座首の腹は段々大きくなつて、痛む事が甚しい。種々の藥を用ひたが少しも効が無い。日々に惡くなるばかり。座首は、

これは昨年の蛇が仇をするに違ひ無い。おれの命も今日か明日だ。

と思つて、後の事などは妻子によく話して、死ぬのを待つて居た。

それが夏であるから、家の中は臥て居ても暑いとて、池の柳の下に莚を敷いて居たが、餘り涼しいので、知らず識らず睡つて仕舞ふと、先刻から柳の

木に居た白鷺が下りて來て、座首の膨れて居る腹を啄いて穴を明けた。すると、その穴から無數の蛇が出て、座首の病氣は忽ち全快した。

それから、この地に白鷺里といふ名を付けた。

水山

中和郡の東南八里に、水山といふ山がある。もとは火山と呼んで居たのである。

その山は、火の起れる形に似て居るといふので、その名が付いたのだ。

この山の北二里の處に元祥原郡所在地があつて、こゝからは山の中腹までも見える。そして山の精氣はいつもこの祥原郡に向つて居た。

火氣が向つて居るので、祥原郡では度々火災に罹つて、非常に困つて、何かよい工風は無いものかと心配したが、さりとて名案も出ない。ただ困る困るで過して居たが、今から百年ばかり前に一人の郡守がこの事を聞いて、火氣の爲に火災の起り易いのは尤な話だ。それならば、今日からあの山を水山と改める。と一同に布告した。

この後辯原には全く火災は無くなつた。

雷　山

いつの頃か知らないが、ある農夫が養蠶をしたが、上簇間際になつて蟲の勢は大層好いが、桑の葉が無くなつたので、鎭南浦の西北の小さい山に持つて行つて皆捨てて仕舞つた。

蠶は捨てられたから、山の木の葉を何彼となく食つて、さて繭を造つた。その後農夫は何かの序にこの山に行つて見ると立派な繭が山一面に出來て居る。

ハヽアこれはおれが捨てた蠶が繭を造つたのだ。これはおれの物だ。他人に取られない内に早く取つて置かう。

大喜びで歸つた農夫は、直に家内中を呼び集めて、籠を持ち袋を負つて急いで出かけた。

農夫が足を空にして、ひた走りに行つて、この山に着くと、ぽつり〳〵雨が降つて來た。

少し位濡れても何でも無い、それ早く繭を取れ。

と云ふと、近くの岩の間から大きい蜈蚣が二匹出て來て、農夫等の繭を取るのを邪魔をする。農夫はこの蜈蚣を打ち殺さうとして居ると、雨は段々大粒になり風はます〳〵烈しく吹く。農夫は繭を取る事も出來ず、どうしようかと思つて呆然して立つて居ると、電光がすると、同時に大雷が鳴り出した。

平安南道
後陽成天皇文祿元年
皇紀二二五二
平安北道

キヤツ！

農夫等が首を縮めた刹那に、グワラ〳〵ツといふ音と共に落雷した。

雨が止んでから見ると、農夫も蜈蚣も共に黑焦になつて居た。

これからこの山を雷山と名付けたのである。

千　度　來

江西に千度來といふ妙な地名がある。

壬辰の亂の時、宣祖王は京城を逃れ出て、平壤から更に義州に移らうとしてこの地に駐つた事がある。その頃は舊穀は既に全く盡きて、新穀は未だ熟らないから、王樣に上げる米が無い。こゝの人々は大に當惑した。

或る農夫が、

王樣にひもじい目を見せては濟まない。

と云つて、「早く稻を熟らせたい、もう熟りさうなものだと」、一日に千度も田に往來したので、畔の草は磨り切れて仕舞つた。

この至誠がどうして天に屆かなからう、稻は一夜の中に熟つて、翌朝農夫が見廻りに行つた時にはもう黄金の波を寄せて居た。農夫の喜びはどんなであつたらう。早速に米の飯を王樣に供へる事にした。

亂も收り、王樣は宮城に歸り、ある日この事を思ひ出されて、この農民を召し出されて、

過日のお前の志は忘れないぞ。お前に何か禮をしたいと思ふが、望があるなら云ふがよい。

と仰せられた。

臣は農民でありますから、望む處は田地より外にはありませんが、然し先祖から傳つた田地によつて一家は何不足無く暮して行かれますから、この

上更に欲しいとは思ひません。

農夫が恐る〳〵答へると、王樣はその朴直なのに感心して、澤山の田地を彼に與へ、その地を千度來と名付けて永く記念とした。

阿川平野

三登邑內から西に約三里距りて、阿川平野がある。この地は荒蕪不毛として顧みられなかつた處だが、今ではこゝから出る穀物は、この地方產額の四分の一に當る程である。

昔この地に李富坪といふ人が居た。この人は非常に正直な人であつた。ある日阿川平野の小川を渡らうとするに、五色の燦爛する魚を見た。その時心の中で

これは龍になる魚に相違無い。

と思つたから、

どうぞ私に福を授けて下さい。

と、別に何の氣なしに祈つたのである。すると、その夜の夢に、一人の青年が來て、

我は阿川の小川で數百年を過したものだが、明日からは天に昇らなくてはならぬ、この地にては、お前ほど正直な者は無い。就ては、この不毛の地を沃土としてお前に遣らう　お前は畑にしたが好からう。

斯う云つて、忽ち消えて仕舞つた。

その次の日からは、大雨が降り續いて、平野に生えて居た草木や、一面に散在してゐた小石などは皆流れて、その水の退いた後は立派な土地となつたから、李富坪は大地主となつた。

この時、この雨で、成川の角乞山が流れて來て、平野の眞中に社壇といふ

阿川平野……(二)

小山が出來た。

義狗塚

昔ある人が犬を飼つて居た。そして大層可愛がつたから、犬も主人によく馴れて居た。

ある日主人は、その犬を連れて他處へ行つたが、途中の酒幕で酒を飲んで、東西も分らぬ程醉つて、とう〳〵野原に眠つて仕舞つた。それは丁度秋の末で、草木の葉も大抵枯れて落ちる時であつた。

主人が心持よく眠つて居ると、どうした譯か、野火が起つて、段々廣がつて來る。犬は悲鳴を擧げて主人に注意する、果は衣服を啣へて引張るが、主人は少しも覺めない。その内火は段々近づいて來るので、今は絶對絶命、自ら火の上を轉げてそれを消し留めた。火は兎に角消えて主人の寢所までは來

平安南道

皇紀四一五―四三〇

なかつたが、哀れや犬は全身の大火傷で遂に其の場で死んで仕舞つた。程經て野風に冷えた主人はスト目を覺した。見ると傍には愛犬が死んで居る。野火の跡はある。自分は犬の爲に一命を取り留めたといふ事は、容易に想像は付く。

主人は大いに哀んで、丁寧に犬の葬式をし、立派な塚を築いて、義狗塚と名付けた。

それは現に龍岡郡土城面附近に殘つて居る。

筋　岩

秦始皇帝が萬里の長城を築く時、親ら朝鮮に來て、鞭を揮つて大きい岩を追ひ集めた。どんな大きい岩でも、一度鞭を以て打つと何百里も走る。皇帝は四方から追ひ集めて、龍岡郡の池雲面の筋岩村に置いた時、急に國内に暴徒が起つた。流石の始皇も、これはちと豫想外であつた。萬里の長城は國外の敵を防ぐ爲に造るのであるが、國内に亂民があつては困るから、其のまゝ石を捨てゝ置いて歸國した。

その後再び來る機會も無かつたので、石は其のまゝになつたが、それが爲に筋岩が出來て、村の名ともなつた。

米穴

平安南道平原郡永柔邑内から西南三里に、大圓山といふ半圓形の山があり、山の頂には一つの寺院がある。

この寺の臺所の一隅に小さい穴があつて、毎日寺僧の食ふだけの米が出る。若し客でもある時は、又その分だけ丁度よく出て、食ふに困るといふことは無かつた。

或る時、慾の深い坊主が、

もしこの穴を大きくしたならば、一層多く出るだらう。

と思つて、鋤でその穴を大きくして見た。處が今まで米の出て居た穴から綺麗な水が迸り出した。それからは、この寺の坊主は働かなくては食はれなくなつた。

又、

順川の安國寺の傍の岩の穴から水の出る所がある。この穴に就いても、右と同樣の說がある。

又、一說に、

狼林山の西南の成龍面の成龍寺にも同樣の話がある。

この成龍寺は寧遠の西北約十里の所に在つて、山水秀麗に奇岩怪石多く、景色の好いので名高いのである。寺の東に米穴といふのがあつて、今は水が流れ出して居る。

昔この穴から常に米が流れ出して、寺の住持は樂に暮して行けた。或る日何處からか一人の旅僧が來て、一晩泊めてくれといふ。住持は快く引受けてさま〴〵の待遇をした。かくて、終には互に自分の寺の自慢を話し出した。成龍寺の住持は、

衲はこの寺に米の出る穴があるから、勸化に出なくても宜しいし、托鉢に出なくてもよい。一生樂に暮して行ける。

と云ふと、旅僧は少し云ひ負かされた形になつたから、

そんな不思議な事は無い。正法に不思議無しといふ事を知らないか。

と爭つた。住持は笑ひながら、

論より證據だ、一寸見せて上げよう。

と、旅僧を連れて行つて見せると、旅僧は急に羨しくなつた。

これは實に不思議な穴だ。これを見ると、この中には米がどれだけあるか分らない。この穴を今少し大きくしたならば、二人で食ふ米が出るだらう。そうして衲をこの寺に置いてくれまいか。

と云ひ出した。住持も、

なる程、衲も一人で居るよりは話相手がある方がよい。それならば、お前のいふ通り少し鑿つて見やう。

二人は鋤で穴を擴けると、米が出なくなつて、その代りに水が流れ出した。

又、一説に、

大同郡楓洞面古靈山の東南端に水落寺あり、この寺は高麗時代の建築なるが、米穴はこの寺の臺所の隅にあつたそうだ。

鷹峯

平原郡廳は永柔に在る。この永柔は金鷄抱卵の形をして居るし、又其の東の方の小峯は鷹峯とて鷹の形をして居る。この鷹峯の後卽ち東北の麓に靈泉寺といふ小さい寺がある。

この寺に行く人は、どうしても鷹峯の前を通らなくてはならぬ。然し、平原郡の郡守だけは、この峯の前を通ることが出來ない。もし强ひて通れば必ず免職される。そこで郡守は靈泉寺に參詣せぬ事になつて居る。今から五六十年前、或る郡守が一度此の寺に行つたが、後幾月も經たぬ中に、免職せられて京城に歸つた事がある。

これは郡守を鷄にたとへ、鷹峯を鷹と見て、この噂を生じたものである。

崇兒山

順川郡邑內を東に距ること約二里に殷山面があり、其の東南に崇兒山、その西に張鮮江があり、そこに怨痛橋と云ふ橋が架けてある。昔張鮮といふ人が、京城に出て進士に及弟したので、喜び勇んで歸る途中、一人の美人に逢つた。美人は張鮮に向つて、

妾は崇兒仙女とて、天帝の子であります。妾は父の命に由つて貴公を迎へる爲に來たのです。どうぞ妾と共に父の處まで行つて下さい。

と云ふ。張鮮は斷つた。

自分は今京城から家に歸る處だから、行く譯にはいかない。

けれども、仙女は聽かない。

イヤ、それはよく知つて居ります。然し、妾は貴公の妻であり、貴公は妾の夫であります、これから父の側へ參りませう。

と云ふ中に五色の雲が眼の前に下りたと思ふと二人はいつか雲の上に乘つて居る。そして共に天に昇つたのである。

その頃下界では非常な旱魃で、百姓は一様に困り切つて居る。天帝は之れを憂ひて、崇兒仙女に命じて、雨を降らせた。仙女は一個の瓶を取り出し、それから頻りに雨を降らして居る。張鮮は之れを見て、不思議に思ひ、自分が一つ降らせて見たいと思つて仙女に話す。

では此の瓶を少し傾けると雨が降る、餘り傾けると大雨が降ります。

張鮮は瓶を取らうとして、手を辷らして地上に落して仕舞つた。すると、大雨が降り出して、山は崩れ、川は處を移し、その附近の地形を一變して、新に崇兒山が出來、張鮮江が出來た。その瓶の落ちた處は水源里、これに架けた橋は怨痛橋である。

尹氏淵

順川郡の南約十町の坪洞に尹氏淵といふ池がある。

今より凡そ五百年前に、尹剛といふ人があつた。この家は非常に富んで居たが、一匹の白馬を飼つて、特に之を大切にして、何時も庭前の井戸の邊に繋いで置いた。

ある日、井戸から雲が立ち昇ると見る間に、青龍が現れて、この白馬と交つた。尹剛は其の時丁度縁側に居たが、弓に矢をつがへて、滿月の如く引き絞つて青龍を射た。慥に手答は有つたが、青龍の影は見えなくなつた。見えなくなつたと思ふ中、忽ち黑雲が叢り起つて、大雷雨が篠を突く樣になつた。それが二日も三日も止まない。

雨が止み雷も收つた頃は、尹剛の家は全部奈落の底に陷つて、そこは漫々たる水海となつて仕舞つた。

この池は尹氏淵と唱へて、今も殘つて居る。横は十三間位、縦は十五町位もあらう。

眞福岩

定州郡馬山面に虎が口を開いて蹲つた樣な岩がある。土地の人は眞福岩と名付けて置く。

昔、支那の天子の夢に、朝鮮から大將が來て支那を攻めるといふ處を、一度ならず、三度までも同じ夢を見た。

これは朝鮮に大偉人が生れる前兆であらう。とて、密に使を朝鮮に遣して地勢を觀察させた。その使者はこの山に來て、この岩の奇妙なのに驚いて、鐵を沸かしてその口に流し込んで仕舞つた。その後、天子の夢も無くなつたが、爾來はこの山の下の村からは偉人が生れないそうだ。

山の借金

定州郡の西南に臨海山あり。山の麓には林姓の者が多い。さうして、林姓に富者の多いといふ事も著名な事實である。

或る時、京城で一人の男が政府に出頭して、私は定州の林海山と云ふ者で御座います。此度こゝに參りまして急に金子の入用が出來ました。然し、知り人は無し、と云つて又家に歸つて持つて來る事も出來ません。甚だ濟みませんが、金壹萬兩程借用致したいと思ひます。一年過ぎて必ず返濟致します。

と願つた。役人共は、一萬兩といふ大金を平氣で借りやうとするのは餘程の富豪であらう。其處を見ても定州の林氏の大きいのが分ると思つて、少しも怪まずに貸與へた。

處が期日になつても何の消息も無い。どうした事かと定州の役人に調べさせると、

リンカイサンといふ人は定州には無いが、臨海山といふ山が有る。

といふ返事、政府の當惑は元よりだが、さりとてどうする事も出來ず、相談の結果、

然らばその山を債務者にせよ。

と決定した。

臨海山は今でも金一萬兩の債務者であるが、何時になつたら時効にかゝるであらう。

兄　弟　岩

平安北道熙川郡東倉面の江中に、三十餘尺の岩が立つて居る。これを伏竹

岩、又は將軍岩と云ふ。

昔はこれと同じ樣な岩が今一つ在つて、兄弟であつたのだ。それを或る人が夫婦だと云つた處が、一つの方は倒れて仕舞つた。

雪城館

平安北道の朔州郡は今から五百二十二年前に、始めて郡守を大館に置いたが、其の後四十一年經つてから、郡を移さうとして其處此處と邑城を築くべき場所を探したが、諸說紛々として歸着する所が無く、何時決定すべくとも思はれなかつた。然るに、一夜、時ならざるに大雪が降つたのを人々は珍しいと思つたが、翌朝になつて見ると、不思議にも雪は正方形に積り殘した所がある。之を見た人々は、

之れは吉兆である。其處を基地として邑城を築くがよい。

雪城館……（三五）

忽ち衆議は一決して、直に土工に取り掛つた。此の雪の降つたのが、丁度朔日であつたので、こゝを朔州郡と名付けたし、又この理由に依りて、朔州城を雪城館とも呼ぶのである。

又、

碧潼郡を定める時に、今の處だけに或る夏に雪が降つた。其處に築いた城である故に、こゝも雪城館といふさうだ。

又、

新羅の僧道詵が記を留めて、

繼いで王たる者は李にして、漢陽に都せん。

として置いた。

高麗の中頃に、尹瓘といふ人に白岳(今の京城の北に聳ゆる北漢山)の南に土地を選定して李を植ゑさせて、大きくなれば之を伐り倒して、繁茂させなかつた。それが李朝になつて、僧無學に都邑の地を定めさせた。無學は白雲臺から段々に萬景に到り、尙、その西南脈から碑峯に到り一大字の碑石を見た。それは嘗て道詵の建てたものであつた。

無學は實は道を誤つて此處に來たのであるから、路を改めて萬景の正南脈から、直に白岳の下に到り、三脈が合して一つになる處を見、其處を宮城の處と定めた。それば高麗朝で李を植ゑた所である。

それから外城を築かうとして、まだ測量もせず周圍も遠近も定めなかつたが、一夜大雪が降つて、外には澤山積つたが、內には少しも積らなかつた。太祖は之れを異んで、雪に隨つて城址を立てたのが、今の京城である。

雨乞の池

平安南道价川郡の北院面に、憲兵分遣所から北約一里を距つる安滿道路に沿うた西側に、周圍一町程の溜池がある。この池は昔から雨乞池として鮮人間には一種の恐怖と崇敬とを持つ神秘的な意味ある池として、その水にも觸らない位である。その爲に鯉や鮒や鼈の類が無數に棲息して、悠々自適の有樣である。これを知つた內地人などは、惜しいものだと思つて居たが、さりとて手出しする程の人も無かつた。

處が、大正六年四月の二十八日に、北院に住んで居た梶原等といふ男が、內地人の若者數名を集めて、

大正の今日、鯉や鮒を取つたからとて何事があるものか。

と、銘々に投網や其の他の漁具を携へて池に行き、「イザ一網」といふ時に、今まで晴れ渡つて居た空は俄にかき曇り、丁度墨を流した樣で、一陣の風は颯と吹いて來て、物凄い樣子になつたと思ふ中に、雷鳴耳を劈くばかりに、雨は忽ち土砂降になつて來た。

一同は少しの間は「何の」と思つて居たが、段々に一種の恐怖を抱き、這々の體で自分の宅に逃げて歸つた。この事が又大評判となり、いろ〳〵の噂も立つた。梶原等は、この儘で引込んでは、内地人の名折れだ。

とて、今度は前よりも一層大規模に、池の水全部を掻い干して、迷信者の目を覺ましてやらう

などと、一同が手分をして仕事に取り掛らうとすると、これ迄の天氣は又この時も前の通に曇り出し、雷雨は前よりも一層甚しく、どうしても池に近寄る事が出來なかつた。其處で、とう〳〵迷信破の事を斷念した。

これは价川の憲兵分隊長から警務部宛に報告して來た事實だとて、大正六年五月二十五日の西鮮日報に出た事柄である。

水流山

昔、大雨の時に天から九匹の龍が下りて來て、寧遠郡の西の西倉にある山を截つて水に流した。すると、それが德川邑內に流れて來た。寧遠の人々はこの山は吾々の山だ。

と云つて、毎年税金を取りに來た。德川では、實際流れて來た山だから仕方が無いとて、別に苦情も云はずに税金を出して居た。

ある時某といふ十三歲の少年が郡守になつた。その時又寧遠から税金を取りに來た。役人共は是れ迄の習慣を話して税金を拂はふとした。すると、郡守は、

それには及ばぬ、今年からは税金を先方から取らなければならない。その事を寧遠郡守に云つてやれ。

といふから、役人共はその通りすると、寧遠郡守は大いに怒つて、今迄毎年々々税金を出して居ながら、今年に限つて出さないといふ理由は無い。

と云つて、大談判を持ち込んだ。少年郡守は平氣なもので、

この山が貴公の郡の山で、我が郡に來て客となつて居るのだから、食代を出すのが當然である。若し食代を出すことの出來ないならば、我が郡に置く事は出來ぬ。どうか早速連れて行つて貰ひたい。又、今聞けば、今年迄毎年此方から税金を出して居たといふが、それは何かの間違であらう。若しそれが事實ならば、年數を調べて其の拂込んだ金の全部に利子を付けて戻して貰はなくてはならない。

と反駁した。

それからは寧遠では税金を取る事が出來なくなつた。

又、平壤の綾羅島は元、成川郡の所屬であつた。或る年洪水の時、九頭の龍がこの島を頭に戴せて持つて來たのである。故に成川郡守はこの島の税を取つて居た。後、平壤の觀察使が、成川郡守に通知して、

この島はお前の郡の土地ならば、早く持つて行つて呉れ、こちらでは邪魔で困る。

と云つたから成川郡守は仕方が無く、其の後は税金を取りに來なかつた。

九　龍　石

寧遠の水流山を截つた九匹の龍は、東の方なる龍淵里に行つて暫く居つたが、更に溫泉里に來て其處の山を截り、又、社倉の黃處嶺を截らうとして行く途中に、一人の水汲女に逢つた。この女は、龍を見て、

犬の樣だ。

と罵つた。龍は悪口せられたので、直ぐに石と化り、女もそのまゝ直ぐと石になつた。

今も道端に人の樣な石と、その横の方に、牛の臥て居る樣な九つの石が並んで居る。

手玉石

厚昌郡東興面に、竹岩といふ大きな岩があつて、その中腹に手の形が付いて居る。

三足の牛

傳説によれば、昔、李將軍といふ人が支那から持つて來たものだといふ。

黄海道瑞興邑内を一里ばかり距つた所に西遠山といふ山がある。

この山には銀の牛が居たのを、誰かその後足を一本切つて持つて行つたが、今も三足で歩いて居る。時々之を見る人がある。

又、生金が夕方に出て遊んで居るが、人がそれを取りに行くと消えて仕舞ふそうだ。

龍　井

黄海道長淵郡龍淵面龍井里に龍井とて、廣さは十坪程で、水は實に綺麗に澄んだ井戸がある。

いつの昔かは知らないが、この里に武士金先達といふ者があつた。この人の武藝は有名なもので、遠近其の名を知らない者はなかつた。

その金武士が、或る夜夢を見た。それは白髪の老人が來て、私は龍井に住んで居る青龍であるが、此の頃黄龍が來て私の住所を奪はうとする。私は永く住んで居る井戸だから、これをむざ／＼彼に渡すのは甚だ殘念である。けれども今、私の力ではどうする事も出來ない。貴公は武藝に達して居られるから、どうか私を助けて貰ひたい。

金武士は、

お前がそれ程云ふのなら助けてもやらうが、どうして助けたらよいのか。

と問ふと、老人は、

私が明日黄龍と戰ふ時に、黄龍の體を持ち上げるから、それを目あてに弓で射殺して下さい。

かく約束して、夢は忽ち覺めた。

翌日、金武士は井戸の邊に弓矢を持つて立つて居ると、井戸から黑雲が立ち騰つて、あたりが眞暗になつた。その雲の中から黄龍の尾が見えた。が、龍を見るのは初めてゞあるから、恐れて矢を放つ事も出來ずに居ると、やがて、雲も散つて元の晴天となり、龍の形も分らなくなつて仕舞つた。

その夜の夢に、又、老人が來て、

今日はどうして黃龍を射てくれなかつたか。

と詰るので、

どうも申譯が無い、實は龍を見るのは初めてゞあるので、恐れて弓を射る事が出來なかつたのだが、明日は必ず射てやらう。

と答へると、

それでは明日は是非射て貰ひたい。

と再び約束をした。

翌日又行つて見ると、昨日の通に二龍が爭つて居るらしい。その中黃龍の尾を見たので、それを目あてに一矢を放つと、忽ち手答があつて、血は雨の如くに滴り落ちて、井戸に溢れる様になつた。

その夜の夢に又、老人が來た。その顏には喜びの色が滿ちて居る。

今日は誠に御苦勞をかけたが、幸に黄龍を斃したので、これからは安心である。就てはお禮をしたいと思ふが、何か望はないか。

と云ふ。武士は

自分は今、別に希望といふものは無い。

といふと、

それならば、この前の荒蕪地を水田にして上げよう。それを子孫の末にまで傳へなさい。

と云ふ。武士は、

水田には水が必要だが、この附近には水が無い。折角水田を造つて貰つても水を引く所が無くては仕方が無い。

老人は少し哂つたが、そのまゝ、
　そんな事は考へずに、待つて居なさい。
夢は又覺めた。

その翌日には、朝から電光閃き、雷聲轟き、大雨車軸を流す如く。忽ち井戸から水が溢れて、その附近一帶に氾濫れて、數千石落の田地が出來た。これが今の萬石洞である。

この金武士の本貫は光山であるが、その子孫は長淵に數千名もあり、數百戸を構へ、この井戸を龍井と唱へる。旱天の時には祈雨祭を行ふが、必ず靈驗がある。深さはどれ程あるか、知つて居る人が無い。

この萬石洞は金先達が子孫の領した田地であつたが、今から百二三十年前政府はこの田を國有地として、小作だけはこの子孫にさせる事にした。

數千石の種子を蒔く程の地なり

洗清山（씻기리山）

黄海道の豐川の西南約二里の所にある洗清山といふのは、景色もよく、又大層清潔で、汚穢を嫌ふ山である。

それ故、旱魃の年には女子供が大勢で、餅や飯等を持つて行つて、種々の遊をした揚句、皆で大便をして歸る。そうすると、その夜か、その翌日には必ず大雨が降るのである。

それ故씻기리山といふので、その意味は洗ひ清める山といふのださうだ。

虎山

今から約五百年前に安某といふ人があつた。この人は貧乏であつた上に、父は早く世を去つたのである。この人は非常に親孝行であつたから、父の墓側に小さい墓幕を建てゝ、毎日省墓した。かくて、三年一日の如くして居たが、ある日大きな虎が來て、墓幕の前に靜に蹲つて居る。それを見た安は非常に驚いたが、虎は別に害を加へやうともしない。只、頭を垂れ尾を振るのみであつた。安は不思議に思つたものゝ、心も少し落ち付いて、

早く自分の窟に歸れ。

と追ひ立てるが、なか〳〵立たない。何か意味ありげにして居たが、やがてそろそろと安を顧みながら出かけやうとする。安は、

これはあとに尾いて來い。

といふのだらうと思つて、尾いて行くと、或る處で止つて、前足で土を掘る眞似をする。

父の墓を是處に移せといふのだな。

と考へて、虎に禮を云ふと、虎は自分の意志が通じたのを喜ぶらしく、その

まゝ何處へか歸つて行つた。

かくて、安はその翌日早速多くの人を賴んで、虎の選定してくれた場所に移葬式を行つた。虎はその日も式場の附近に來て、その式を觀て居たが、式が濟むと同時に歸つて仕舞つた。それから安は段々金持になつて、後には其の地方屈指の財產家になつたから、墓の近くに立派な廟を立てゝ父を祭り、又、虎をも祭つた。それから其の場所を虎山と名づけた。

虎山は白川邑內から二里程距れた所にある。

龍峯江

黃海道谷山郡邑內から東北五町の所に龍峯があり、龍峯江が其の前を流れて居る。そして、其處に李太祖の王妃康氏の私第の舊趾が殘つて、大きい碑が建てゝある。

李太祖が、初め霞嵐山からこの江を渡る時、康氏は水汲みに出た。太祖は喉が渇いたので、

水を一杯呉れ。

と云つた。すると、康氏は瓢に水を汲んで、之れに柳の葉を泛して捧げた。すると、太祖は大いに怒つて、

水を長者に捧げるのに、何故かく無禮な事をするのか。

と叱つた。叱られた康氏は靜に口を開いて、

今日の樣に暑い日に、直ぐに水をお飲みになるのは宜しくないと思ひますから、緩々召し上る樣にと考へて柳の葉を入れたのです。

と答へた。太祖は大層感心して、銀作りの小刀を與へて、

記念にせよ。

と云はれた。

谷山にあり

莊和王妃と申す

後に、高麗の都開城を攻めて之を陷れ、都を漢陽に奠めた時、康氏を召して王妃とせられた。

又、一說に、

全羅南道に、昔、興龍寺といふ寺があつた。それは、榮山浦の前の小丘の下に在つて、可なり大きい寺であつたが、今はその遺趾のみが殘つて居る。

高麗の太祖の妃吳氏の父多憐君は、代々木浦に住んで居た。この人が沙干連位の女德交を娶つて吳氏を生んだのである。この吳氏は、ある日、浦龍が腹中に入つたと夢を見て、覺めてから父母に語つた。その時太祖が、水軍の將軍となつて羅州に來て、船を木浦に留めたが、フト見ると、洲の上に五色の雲が棚引いて居る。其の處へ行くと、一人の女が洗濯をして居る。太祖はその女に、

水を一杯吳れないか。

龍峯江……(五三)

と頼むと、柳の葉を浮かして出した。これは飲み過さぬ様との意味である。太祖は之れを奇として、遂に王妃とした。これが即ち吳氏で、惠宗王の母である。

後この地に建てた寺が興龍寺であつた。

風　生　穴

黃海道の殷栗郡で每年八月に風害を免れないのは九月山中に風生穴があるからである。

風生穴は左右に一大石を壁とし、上にも大石を覆うた穴である。

皇紀六〇四｜一五九五

金　尺　陵

新羅の王室には、傳來の金尺といふものがあつた。この金尺で病人を度れ

皇紀一五〇七—一五一九

ば、その病氣は忽ち癒え、死んだ者を度れば、その人は忽ち甦るといふ重寶な物であつた。

けれども、いつの代にか、

これは天理に反する。

といふ理由で、之を地中に埋め、その所在を隱さん爲に同じ形の土塚を二十六造つた。

慶州附近には今もこの圓錐形の塚が路傍に點々と散在して居る。

錢浦

唐の宣宗皇帝が、少年の頃久しく外に勞し、商船に乘つて海を渡り、開城の西浦に着いた。その時丁度潮が退いて江岸は泥濘であつた爲に、從いて來た役人共は、船の中に積んである錢を地に敷いて陸に上つた。

錢浦といふ名は、これから出たのである。

大　井

開城の西に泉の湧出る所を大井と云ひ、深さは二尺位である。これは昔、高麗の太祖帝建が龍女と共に開城の山麓に來て、銀の盂で地を掘つたら水が出て井戸になつた。

この水が赤く濁る時は必ず兵變がある。恭愍王十年六月にも井戸の水が黄色に變じた。

七　星　巖

大邱に七星公園といふのがあつたが、數年前に鐵道用地として、その風致を削がれて仕舞つた。そこに人名を彫り付けた七つの巖がある。

昔、慶尙道の觀察使に李泰永といふ人があつて、この人に七人の男の子があつた。

或る夜の夢に、

大邱の北門外に七つの星が落ちた。

と見たので、翌朝出て見ると、昨日迄無かつた石が七つ、北斗星の位置の如くに配置されてある。觀察使は、

自分の子が七人あるのに、この石が七つ、これは何かの瑞相であらう。

と思つたから、石工に命じて七人の子の名を、その七つの石に刻ませた。

不思議な事には、その子供等は、成長するに隨つて、その石に肖る樣になつた。體格の大小もこの石に肖る。その形の稜々たる三つの分は、三人共武官になり、比較的角の無い三つの分は三人共科擧に及第して文官となり、今一つの圓滑な分は、無官で平凡に世を去つた。

七　星　巖……（五七）

七人の姓名は

李義甲、李義斗、李義平、李義升、李義準、李義肇、李義章。

其の殘李義斗の娘の孫といふ慶尙北道の某觀察使は、この事實を後世に傳ふる爲に、七星岩の附近に多くの樹を植ゑ、中央に依北亭といふ亭を作つた。古人の句に、

毎依北斗望京華

といふのがある。これから取つたものである。今では、この依北亭は迹も無く、只、數本の大欅が當年の面影を殘して居る。

鰊　泉

大邱に達城公園といふ公園がある。こゝは昔は徐氏の所有地であつた。徐氏はこゝに住んで居たが、井戸が無いので大層不自由をした。この人は富裕

で然も慈愛の心も富んで居たので、人々から尊敬せられることも一通りでは無かつた。或る時、城外に井戸を掘ると、その水が非常に良いので大に喜んで、其の後はこの水を飲料とした。處が不思議な事が出來た。

それは、徐氏の家に客來があつて、この水を汲みに行つたら、井戸の中に鰊が居て、その水桶の中に入つて來た。徐氏は、

これはよい御馳走だ。

と云つて、これを客に侑めた。

これから後は、いつも客來の度毎に、其の人數に應じて鰊が水汲桶に入る樣になつた。それからこの井戸を鰊泉と名付けたのである。

今は達城公園外に形ばかりは殘つて、少許の水が溜つて居るが、大部分は埋つて仕舞つた。勿論鰊などが出る筈はない。

第二編　人物

檀君

平安南道寧邊の東十里に太白山といふ山がある。其の最も高い峰は香爐峰といひ、一千三百七十一米あるそうだ。この山には香木が多く、又仙人や佛陀の遺跡があるといふので、妙香山とも稱して居る。

朝鮮の始祖檀君が居つたと稱する跡は、今の普賢寺を距る東方約三里の南の麓に、高四丈南北五丈東西三丈の大岩の裂け目が一つの窟になつて居る。それが其の跡である。

昔桓因（帝釋天）の子の桓雄が、人間界に住みたいといふ事を父に願つた。桓因は其の願を容れて天符印三個を授けて、さあ、之を持つて往つて朝鮮を治めよ。

と命じた。雄は其の徒三千人を率ゐて、太白山の頂の檀樹の下に降りた。これを後世に桓雄天皇と稱するのである。

桓雄は朝鮮の君となつたから、風伯、雨師、雲師などを任命し、第一に穀物、第二に生命、第三に疾病といふ樣に、人間三百六十の事を司り、餘念なく政治をして居た。

この時に、この山に一匹の熊と一匹の虎とが居た。この二匹は相携へて桓雄の所に來て、

どうか我々を人間にして下さい。

と頼んだ。すると桓雄は

人間になるにはなか〳〵困難な行をしなくてはならぬ。それよりも、熊は熊、虎は虎で居る方が善からう。

妙香山の一名なり

と敎へたが、二匹共なか〳〵承知しない。

それならば。

とて、

お前等に靈艾一炷と、蒜二十根を遣るから、之を食べて、百日の間日光を見るな。

と敎へた。

二匹は大喜びであつた。それから自分の窟に歸つて敎へられた通りに苦行を始めた。然し虎は中途で止めて仕舞つたが、熊は一念なか〳〵固いもので、少しも挫けなかつた。すると二十一日目には大願成就して、首尾克く女と化つた。熊の喜びは一通りではなかつた。

さてかうなつて見ると妙なもので、「人の子を持ちたい」といふ考が出た。而して之を桓雄に願つて見ると、桓雄は之を容れて、自ら人間に化つて、檀樹の下で夫婦の約を結んだ。かくて其の間に生れたのが檀君である。檀君は成長して常の人とは變つて居た。人々に推されて君となり、王儉城に都した。王儉といふのは檀君の諱である。今の平壤は即ち王儉城だといふが、どの邊に居たものか、其の趾を知ることは出來ない。檀君は國を朝鮮と號した。それは唐堯の二十五年戊辰の年で、その後一千五百年の間朝鮮を治めて居たが、周の武王の己卯の歳に箕子が朝鮮に來たから、檀君は阿斯達山に隱れて、神となつた。其の時壽一千八百八歳だつたそうだ。

黄海道の九月山なり

三柱の神

人間がまだ濟州島に住んだ事の無い大昔に、今の濟州邑内から約八丁の處に、三柱の神樣が地から湧いて出た。その最初に出現せられたものを良乙那と呼び、次のを高乙那、末のを夫乙那と呼んだ。

この三柱の神様は、常に遊獵して鳥獸の肉を食ひ、皮を着て居たが、或る日海岸に出て漁をして居ると、波打際に漂着したものがある。之を取り上げて見ると、一つの函である。

何んだらうか。

と云つて打ち壞すと、中から紫の衣に紅の帶をしめた童子と、石の函とが現れた。そこで、その石の函を壞すと、中から花の樣な美しい女が三人、その三人は靑い衣を着て、駒と、犢と、五穀の種と一緒に出た。

三柱の神樣は茫乎として立つて居ると、最前の童子が、

吾は是れ日本の使者である。我が王がこの三女を生んで、又、別に西海の中岳に神の子三人を降し、將にこの國を闢かうとする故、その內助として之れを配せしめるのである。其の偉業は永く子孫に傳はるであらう。

濟州島の三姓穴

邑内を距る八丁の所にある、昔々三柱の神が湧出したといふ聖跡で島民は非常に之を崇めてゐる、寫眞に見える三個の石は即ち三神の湧出した穴の跡ださうな、嘘か眞か邊りの老松に物問へば唯だ颯々と嘯くのみ

と云つて、何處へか姿を消して仕舞つた。三柱の神樣は、初めて合點して共に携へて家に歸り、おの〳〵偕老の約を爲し、良乙那の居る所を第一の都、順次に第二、第三の都とし、同時に五穀を蒔き、駒と犢とを育てた。

これが即ち濟州島民の先祖で、その三柱の神樣の出現せられた所は、島民は聖跡として尊崇し三姓穴といふ碑を建てゝ置く、而して、今も島民に高良などいふ姓の者は甚だ多いが、夫姓は餘り澤山は無いさうだ。

朴　氏

昔の朝鮮王右渠の時に、人民は亂を避けて多くは嶺南に行つた。その遺民がそちこちに分れて東海の濱や谷間などに住んだものが六ケ村もあつた。そして其の村には君といふ者が無い。俗に云ふ辰韓の六部といふものが之れである。六部の名は閼川の楊山村、突山の高墟村、觜山の珍支村、茂山の大樹村、金山の加利村、明活山の高耶村で、何れも慶州の界内にある。

處が、漢の宣帝の地節元年に、この五ケ村の長が閼川の岸で大會を開いた事がある。その時高墟の村長の蘇伐公が楊山の麓の蘿井の傍の林を望んで、彼處には奇妙な氣がある。何か異常の物があるに相違ない。

と云ひ出した。人々は之れを聞いて、行つて檢べて見ると、二匹の馬が前脚を屈つて跪いて居る。近づいて見やうとすると、馬の影も無くなつて仕舞つた。皆一同に、

ハテ不思議な事もあるものだ。

と云つて居ると、誰れかゞその馬の居た所で、

これは何だらう。

と云ひながら、持つて來たのを見ると、匏程の大きさある卵であつた。

割つて見やうでは無いか。

誰が云つたか分らないが、一同之れを割つて見やうとした。なか〳〵割れない。やう〳〵の事で割ると、中から男の子が出た。そして其の姿が實に立派で美しく、然も威嚴が備つて居る。東川で産湯をつかはせた處が、身から光が出る程であつた。年十三になつた頃は六部の人は皆尊んで君と仰いだ。

これが新羅の元祖朴赫居世である。辰韓の人は匏のことを朴といふので、その卵が匏の如く大きいといふ處から、朴を姓としたのだともいふ。又居西干とも稱して居た。

崔致遠

崔致遠は新羅時代の人で、仙術を得たものである。

或る時、支那から朝鮮人の力を見る爲に、玉の箱に何か入れて、

この中にある物を云ひ中てよ。

と云つて來た。

新羅王は大いに當惑したが、或る人が、

崔致遠の外には之れを中てる人はありませぬ。崔致遠ならば必ず分ります。

と申上げた。王は喜んで、早速呼び出して、

この中にある物が分るか。

と訊くと、崔致遠は、

分ります。

と答へる。

何か。

どうぞ紙と筆とを拝借致したうございます。

かくて、書いて出したものを見ると、

團々玉函裏。半玉半黄金。夜々知時鳥。含精未吐音。

としてある。

王はこれを以て支那に返事をした。支那では、鷄卵を入れて置いたのだから、前の二句だけで宜しいのに、後の二句はどういふ譯だらう。

忠淸南道に在り

と怪しんで、返して來た函を開けて見ると、卵は雛化して孵となつたが、死んで居た。

金蛙

扶餘の王解夫婁が、老年になるまで子が無くて、それのみを苦にして神佛にも祈つたが効が見えない。

或る時鯤淵といふ所に行くと、二つの大きな石が向き合つて泣いて居るから、家來に命じて其の石を轉がすと、下から男の子が出た。妙な事には、その子が金色の蛙の形をして居たから、金蛙と命名して、

これは日頃信心する神佛の御授であらう。

と喜んで、大きくなるのを樂んで育てゝ居た。金蛙が成長してから、或る日太白山の南で女子を得て、其の生ひ立ちを聞くと、

妾は海神の女で、名は柳花と申します。妾が弟達と一緒に出て遊びました時、一人の丈夫が來て「我は天帝の子の解慕漱といふ者だ、お前は我が妻となるべきものだ」と云つて、私を熊心山の下の鴨綠川の邊に連れて行きました。すると、妾の父母は、「媒無くして人に從ふは不都合である」と云つて、妾を優渤水といふ所に謫しました。

と云ふ。金蛙は之れを怪んで、一室の中に入れて置くと、日の光がその身を照すので、日陰に避けると、日の光は又その後を逐ふ。それから妊娠して、一つの大きい卵を生んだ。金蛙は、

これは不祥なものだ。

と云つて棄てた處が、犬も豕も食はない。道中に棄てたが、牛馬は之れを避けて踏まない。又野に棄てると、鳥が來て羽で覆ふてくれる。金蛙は之れを剖いて見やうとしたが、堅くて剖れない。すると柳花は之れを帛に裹んで暖か

一名は蓋斯水、鴨綠江の東北にあり

い處に置いた。暫くして男の子か殼を破つて出て來た。それは立派な體格であつたが、七歲位になつた時、自分で弓矢を作つて射て遊んで居るが、百發百中、なか／＼上手である。人々は朱蒙と呼んで居る。それは扶餘では善く射る者を朱蒙と云ふからである。

その後、金蛙の七人の子が、朱蒙を忌んで殺さうとした。すると、母が朱蒙に語つて、

國人が皆お前を殺さうとして居るから、お前は暫くの間、どこへか行く方が好からう。お前の才略では、何處へ行つても差閊へはない。

と敎へた。

朱蒙は烏伊、摩離、陝父の三人を連れて扶餘を去つて、東南に走り淹滙水まで來た。處が此の川には橋が無い。扶餘の追手は後から迫つて來る。進退谷つて、朱蒙は大聲で水に向つて、

金 註……(七三)

我は天帝の子で海神の孫である。今こゝまで逃げて來て敵に追付かれんとするのに、この河を渡れないといふのは何故であらう。と叫んだ。すると、河に居た魚といふ魚も、龜も鼈も皆出て來て、忽ち橋が出來た。朱蒙が其の上を渡つて、向ひの岸に着くと、魚や龜の橋は皆水に沈んで仕舞つた。追手の兵はとう〳〵朱蒙に逃げられた。朱蒙はそれから沸流水に到つて住んで居た。これが高句麗の東明王である。その時は年が二十二で、丁度新羅の始祖朴赫居生の二十一年に當る。

父無し子

東明王が扶餘に居た時、禮氏の女を娶つた。禮氏は、王が七子の難を逃れて走つた後に、男の子を生んだ。これを類利と名付けて、大事に育てたが、なか〳〵の亂暴者であつた。

或る時、大道で雀に石を投げて居たが、どうしたはずみか、水汲女の甕を打ち破つて仕舞つた。女は大層怒つて、

この餓鬼奴、何をする。父が無いから悪戯ばかりするツ。

と罵つた。

類利は家に歸つて、父が無いと云はれた事を母に尋ねた。母は云つた。

お前には定つた父は無いのだ。

類利はこれを聞いて、

人として定つた父が無くては、世間の人に合せる顔が無い。

とて自殺しやうとした。母は驚いて、之れを止めて、

今の話は戯れたのだ。お前の父は普通の人ではない。譯があつて今は南の方に逃げて居るが、行く時に「今南の方に行くが、形見は殘して置いた。それは七つの嶺、七つの谷の石の上の松の下にある。之れを得る者は我が

子である。」との事だつた。お前にそれが分るか。と云つた。類利は、山に往つて尋ねたが分らない、困つて家に居ると、柱の中で聲がするから、その柱を見ると礎石に七つの襞がある。七嶺七谷とは七稜の事で、石上の松は柱に違ひない。かう考へて、遂に其の柱の下を探して見ると、中から折れた劍が出た。そこで、之れを持つて父の處を尋ねた。屋智、句鄒、都祖の三人も從いて行つた。東明王は其の折れた一方の劍を出して合せて見て、之れを世嗣とした。これが瑠璃王である。

皇紀六四二―六六七

人の卵

倭國の東北一千里の海中に多婆那國（又龍城國ともいふ）があり。又扶桑の東一千里の海中に女國がある。

多國の王様含達婆が女王國の女を妃とした處が、妊娠してから七年目に大きい卵を生んだ。王様は驚いて、

これは困つた事だ、人が卵を生むといふ事はない。

と云つて、棄てる事にした。然し、妃は流石に面目ないとはいふものゝ、矢張り自分の子であるので「むざ〳〵捨てるのも可哀さうだし、それに、この卵から何が出るかも分らない。」など、種々考へたが、いよ〳〵捨てる事にして、帛の切れに包み、いろ〳〵の寶物と共に櫝の中に入れて、海に流した。

それが波に揺られ〳〵て金官國の海岸に着いた。國人は、

こんなものは取り上げると碌な事は無い。

と云つて押し流して仕舞つた。それから更に、辰韓の阿珍浦の口に流れ着いた。その時一人の老嫗がそれを見付けて、開けて見たら、可愛らしい男の子が居た。

老嫗は大喜びで、

これはあり難い、天のお授である。

とて、大切に育てた。成長するにつれて、立派な男となり、身の丈は九尺もあり、實に堂々たるものであつた。

それ以來この老嫗の家の附近で鵲が鳴くので、鵲の音を取つて、昔を姓とし、櫝を解いて出たのだからとて脱解を名とした。脱解は常に漁をして老嫗を養つたが、或る時、老嫗は、

お前の骨相は普通の人と違つて居るから、必ず立身するに違ひない。學問して名を揚げなくてはならぬ。

と云つたので、これから脱解は學問したが、特に地理に通じて居た。或る時、吐含山に登つて、四方を望んで、

「楊山の一峯は日月の勢ひである。

と云ひながら、其の場を見ると、それは瓠公の宅である。そこで、潛に炭を屋敷の内に埋めて置いて、

この宅地は吾が先祖のものだから、氣の毒だが渡して貰ひたい。

この出し拔けな難題には瓠公も驚いた。彼や是やとはいふものゝ、結局水掛論のやうなもので、どうとも仕樣が無い。瓠公は遂に官に訴へた。判官は一應兩方の云ひ分を聞いて、

お前の先祖の宅地とばかり云つても、何か證據が無くてはいけない。どうか。證據はあるか。

脫解は、

證據とて今は何もありません、が、私の先祖は本、鍛冶屋でしたが、暫く他に行つて居る中に、人に宅地を奪はれたのですから、今、その宅地を掘つて見るならば、炭が澤山出るだらうと思ひます。

新羅の朴、
南鮮王
皇紀六六四｜六八三
皇紀六八四｜七一六
皇紀七六一

判官は、試に地を掘らせて見ると、脱解の云ふ通、鍛冶屋の使つた炭が出た。そこで脱解の勝となつた。

脱解は後に大豪傑となつたから、南海王はその女をこれの妻とした。儒理王が薨せんとする時に、位を譲つて、後嗣としたから、新羅の第四の王となつたのである。その時年は六十二であつた。

瓠公から奪つた宅地は、婆娑王二十二年に城を築いた。これが月城である。その形が半月の様であるといふので、半月城ともいふ。

雞　林

脱解王が、或る夜のこと、金城（慶州の京城）の西の始林の方で鷄の鳴く聲を聞いて、

ハテ不思議な事だ。夜中に鷄の鳴く筈は無いが。

と早速、大輔瓠公を召して之れに檢べさせた。瓠公は直ちに月城(金城の東)に行くと、西の方の始林の中で火が燃える。すると、紫色の雲が天からスーッと下つた。雲の中には黄金の櫝があつて、それが忽ち樹の枝に掛つた。

妙な事があるものだ。

と、呆然として立つて居ると、白い鷄が其の樹の下で鳴き出した。

瓠公は引返してその始末を奏上すると、王は、

その場を見に行かう。

とてその林に幸せられた。そして、その櫝を開いて見ると、男の子が臥て居たが、王を見て、すつくと起き上つた。其の姿は奇偉なものであつたから、王は之れを抱いて宮に歸られた。

さて之れを育てた處が、日增に成長する。名が無いから、只、「閼智」と呼んだ居た。閼智といふのは「小兒」といふ意味である。それから吉日を選んで

之を太子に冊立した。

この太子は金櫃から出たので姓を金氏と云つた。又、始林を改めて鷄林とし、それを國號とした。

藥飯

金炤智王十年は賢皇天皇紀元一年に當る一四八年

新羅の炤智王が、十年の正月十五日に、天泉亭に幸した。すると、一羽の烏と一匹の鼠とが戰つて居る。王は騎士に烏を追はせた。騎士は、段々進んで南の方の避村に行くと、二匹の猪が闘つて居る、それを見て居るうちに烏はどこへか行つて仕舞つた、その時一人のお爺さんが池の中から出て來て箱を奉つた。王はその箱を開けやうとすると、箱の表に、

この蓋を開ければ二人の命が無くなる。又開けなければ一人の命が無い。

と書いてある。そこで、王は、

開けやうか開けまいか。

と非常に迷つたが、日官は、

是非に開けるやうに。その二人は庶人だが、一人といふのは王樣でありま

す、どうぞ開けて下さい。

と願つたので、王は思ひ切つて開けさせた。中には又、

宮中の琴匣を射よ

と書いてある。王は直ちに還りて、琴の匣を射ると、中には王妃と內殿の焚

修僧とが潛んで居た。

今夜王を殺さう。

といふ相談をして居たのであつたから、王は早速この二人を誅して仕舞つた。

そこで池を書出池と云つた。

王は全く烏の爲に一命を拾つたのだから、其の後每年此の日に藥飯を作つ

て烏に供へたさうだ。

飛仙花樹

大小二白山の間に浮石寺といふ寺がある。新羅の時に、僧義相が、西域天竺に入らうとして、杖を寮の前の簷の下に植てゝ、

吾去りて後この杖は必ず枝葉を生ずるであらう、此の樹が枯れない間は、我は死なないのである。

と云つた。義相が去つて後、寺僧は其の塑像を作つて安置した。杖は窓の外に在つて盛に茂つて居る、それが茂ることは茂るが、長く伸びないから、簷の下にあつて屋根を穿つ程にはならない。高さは一丈ばかりで、千年一日の如くである。

光海の朝鄭造が慶尙の監司となり、寺に來て、

仙人の杖は吾も杖いて見たい。

と云つて伐り倒して仕舞つた。そのあとからは二本の蘖が出た。これも四時青々として葉の落ちる事が無い。世人はこれを飛仙花樹と名付けて居る。

鳩林村

新羅の時、月出山の西に一人の女が、冬の日に川の岸に立つて居ると、川下から青い瓜が一つ川上に流れて來る、之れは珍しいと思つたから、取り上げて喰つた。さうすると、間も無く身重になつて、男の子を生んだが世間體が惡いから藪の中に捨てた。二三日經つてから行つて見ると、鳩が澤山來てその廻りを取卷いて居る。女は之を怪んで、又拾ひ上げて育てた。この子が後に有名な僧道詵となつたのである。それでその村を鳩林村と呼んで居る。

皇紀一二三六―一二三九

鬼橋

新羅の眞智王が沙梁部の桃花娘の美しい事を聞いて、之を召して宮中に入れやうとした。すると、

私には夫があります。私はそれを棄てゝ、王樣の所に行くことは出來ません。

と答へた。王樣は「感心な女だ」と思はれたから、戯れに又、

それでは、夫が無かつたならば差支は無いか。と問ふと、

その時は王樣の御命令に從はない譯にはなりません。と答へた。

かくて、その年に王樣は薨くなつたが、それから二年經つて娘の夫が亡くなつた。娘は大に哀んで居ると、ある夜王樣が、この世に生きて居られた時のまゝで來られて、

皇紀一二三九―一二七五

お前とは曩に約束した事があるが、お前の夫は亡くなつたから、約束通りにするだらうな。

とて、七日程この家に留つて居られて、それから急に掻き消す様に見えなくなつた。桃花娘はその時から身重になつて、男の子を生んだから、鼻荊と名づけた。眞平王は之れを宮中に養ふことにしたが、この子は不思議な子で、十五歳の時、毎夜空を飛んで月城から荒川の岸まで行つて、鬼共を集めて遊び、朝の寺々の鐘の聲を聞いて歸つて來る、王樣は内々勇士に命じて之を伺はせると、それに違ひが無い。故に王樣が荊に向つて、

お前は鬼共を集めて遊ぶといふが、全くそれに違ひは無いか。

荊は少しも隱さずに、

然うです。

王樣はこれを聞いて少し驚いたが、そんな風は少しも見せないで、

慶州の南の月南里にあり

慶州府の南五町にあり

神元寺の北の溝に橋を架けたいと思ふが、お前は鬼共を使つて橋を架けてはどうだ。

と云つた。荊は、鬼共を聚めて石を錬つて、一夜の中に大きな橋を造つた。それ故これを鬼橋と名づけた。

その後王様は、

鬼の中で人間になつて天下の政を輔ける者は無いか。

と訊くと、

それは澤山ありますが、吉達といふ者が宜しう御座います。

翌日荊はその吉達を連れて王様の前に出たから、王様は之れに爵を賜ひ、職を授けたが、忠義一徹の者であつた、その時、角干林宗が子が無かつたので王様に願つて之れを子とした。林宗は之れに樓門を造らせて、興輪寺に建てた。これが吉達門である。ある日、吉達は狐に化けて逃げ出した處が、荊は鬼を使つて之を殺させた。それから其の仲間の者は鼻荊の名を聞いて恐れない者は無かつた。今、慶州邊では鬼を避ける咒として次の様な文句を書いて門に貼るのである。

聖帝魂生子。鼻荊郎室亭。飛馳諸鬼衆。此處莫留停。

日月の精

昔新羅の阿達羅王の時に、東海の濱に迎烏郎と細烏女といふ夫婦が居た。ある日、一つの大きい巖が二人を負つて海を渡つて日本に歸つて行つた。それからは新羅の國に日月の光が無く、眞暗になつて仕舞つた。王様を始め人民も皆大いに恐れて居ると、陰陽師が云ふには、日月の精が降つて我國に在つたが、今日本に去つたから、この様になつたのです。

王様は、

是非その二人を尋ね出して來い。

と嚴命を下した。

使は遙々日本に渡つて、

どうぞ新羅に歸つて下さい。

と賴むと、迎日が云ふには、

朕等は歸る事は出來ないが、妃が織つた細絹がこゝにあるから、これで天を祭るがよろしい。

とて細絹を賜つた。

使は歸つて王様に申上げると、王様はその通にした。それから日月も舊の如く輝いた。

その天を祭つた處は迎日縣といふのである。

子を埋む

新羅の興德王の時に孫順といふ人があつた。この人は牟梁里のもので、父は早く世を去つたから、妻と共に人の家に傭はれて母を養つて居た、家は大層貧乏で、思ふ樣に母に食を進める事が出來ないのを何時も苦にして居た。孫順には一人の子があつた。順が母に食を供へると、母は、獨りのみ食ふには忍びない。

とて、何日もその孫に頒けて與へた、順は之れを氣にして、妻と相談した。子供の爲に母の腹を十分にする事の出來ないのは甚だ殘念である。子供は又得られやうが、母は再び求める事は出來ない。因つて、子供を捨てやうと思ふが、お前の考へはどうか。

妻はこれに少しも異議が無かつた。そこで二人で母には內々に子を負つて醉山の北に行つて地を掘り始めると、鍬の先に何か物が當つて、カチリと音がした。

二人はこれを調べて見ると「石の鐘」が出た。それを撞いて見ると其の音が甚だ宜しい。妻の云ふには、

この子を捨てやうとしてこの珍しい寳を得たのは、天がこの子に福を與へてくれる前兆であらうから、この子は埋めない事にしませう。

順も、

さうかも知れない。

とも思うて、又自分の子を埋めたい事も無いから、早速これに贊成して、子供とその石鐘とを持つて家に還つて、その鐘を梁に掛けて毎日之れを撞いて居た。その聲が終に王樣の御殿に聞えた。王樣は、

この頃西の方から鐘の聲が聞えるが、その響が非常によろしい、誰が撞く

のか探べて來い。と左右の臣に命じた。臣等はこれを尋ねてその事が分つたから、早速歸つて王樣に申し上げるには、

昔郭巨は子を埋めやうとしたら、天から金の釜を賜つた。今孫順は又石鐘を得たのは全く天の賜に相違ありません。

王樣は感心して、家を一棟と毎年米五十碩とを賜ふ事とした。

皇紀二〇四九―二〇五一

善竹橋

高麗の恭譲王の時鄭夢周は宰相であつた。李成桂が兵を擧げて高麗を攻めて、その都開城を陷れた時、鄭夢周はどうしても李朝の臣とはならないそれ故李成桂は將軍趙英珪に命じて、善竹橋の上に坐らせ、鐵の槌で打ち殺させた。其の血は流れて橋を染めたが、その痕は今も橋の石の上に殘って

居る。

李成桂はこれを殺しては見たが、然しその忠義には感心したから、碑を建てゝ李朝の勝名を刻した。すると、一日、大雷が鳴り出して耳を劈く程であつたが、忽ち落雷して、その碑を粉微塵に碎いた、李朝が再び、前の通りに建てやうとした時、鄭夢周の子孫は、

どうぞ高麗の職名を刻して下さい。

と願つた。それを許して建てたのが、今も善竹橋畔に立派に殘つて居る。

龍女の子

唐の宣宗皇帝が、ある時、開城から五冠山の下の寶育といふ者の家に行つた。寶育は、

これは貴人に相違無い。

と思つて、下にも置かず、少女辰儀といふを不斷側に付けて置いた。

其の後、この家を出る時、辰儀に一つの彤弓を形見に賜つて、

若し男を生んだならば、之れを持つて中國へ尋ねて來い。

と云つた。その後生れたのが卽ち帝建である。帝建は壯年になつて、父の遺して行つた彤弓を持つて射を習ひ、段々精妙になつた。そこで商船に乘つて唐に渡らうとしたが、海中で船がどうしても進まない。そこで船中の人は大に懼れて、

これは海神の怒に觸れたのだ、誰が咎めを受けるのか笠を投げてトつて見やう。

と云ふ者があつた。これはこんな場合によく行ふ方法だから、誰も異議を云ふ者は無い。處が、帝建の笠ばかりが水に沈んだ。

サア、その人が分つて見れば、お氣の毒だが島に下りて貰はなくてはなら

ない。

一同がこんなに云ふのだから、仕方がない。

歸りに又この島に立寄つて連れて行くから。

と云ふ條件で、粮食を具へて船から下して仕舞つた。

建は獨り島中に居た處が、一人の童子が水中から出て云ふに、

龍王がお目にかゝりたいと云ひますから、一所に來て下さい。

建はどうせこんな所に獨りで住むよりは、龍宮に行つて見るも好からうと思つて、

行つても好いが、どうして行くのか。

と問へば、

一寸目を瞑つて居て下さい。

建が瞑目すると、いつの間にか水府に着いた。其處には、一人のお爺さんが

居た。

私は久しい間此處に居るが、近頃白龍が來て此處を占領しやうとする。私は每日戰爭をして居るが、今に彼を攘ひ退ける事が出來ない。貴公は弓が上手だから彼を射ることは造作もない事だ。どうか私を助けて貰ひたい。と懇に乞ふのであつた。建は答へた。

それは何より易い御用だが、私は何を目あてに射てよいか分らない。

お爺さんはこの時、

明日の午頃風雨が甚しく、波浪高き時が即ち戰爭である。戰酣なる時各各背を出すが、青いのが自分で、白いのが彼である。

と説明した。建は承諾して、翌日海岸に出て窺ふと、翁の云つた通りである。其處で白龍を射たが、少頃すると、天も霽れ、波も平らかになつた。すると忽ち又曩の童子が迎へに來た。建は再び水府に行つた。お爺さんは非常に喜んで、種々の饗應をし、最後に少女を出して建に妻はせて、貴公は貴人の血を受けた人である、郷に還つたならば大いなる福があるであらう。

と云つた。建は暫く止つて居たが、やがて歸らうと思つてお爺さんに話すと、その土産として七種の寶物をくれた、すると、少女が建に云ふには、我が父は楊の杖と豚とを持つて居ります、この方が今貰つた寶物よりも好いものであります、同じ貰ふのならばこの方が好いではありませんか。建はお爺さんにその二品を貰ひたい事を願つて見た。お爺さんは、これは我が神通力の根源で、大切なものではあるが、折角所望するのだから、豚だけを遣らう。

建はこれを貰つて、少女と共に島に來ると、丁度よく曩の商船が着いた。それから昌陵に泊つた時、鹽白の太守等が帝建の來たのを聞いて、永安城を築いてこゝに居る事にした。帝建は一年ばかりこゝに居たが、豚はどうしても牢に入らない。

お前が行きたい所があるならば、そこに行け。

と云つて豚を放すと、松岳の南の麓に來て臥て仕舞つた。因つて、其處へ新しく宮殿を造つて二十年ばかりも過すうちに、一人の男子を生んで隆と名付けた。

其の後龍女は、御殿の寢室の窓の外に井戸を鑿つて其處から西海の龍宮へ往來して居た。さうして、帝建に約して、

自分が龍宮へ歸る時は覗いてはいけない。若し覗いたならば歸つて來ないから。

と云つた。ある日帝建が密に之れを覗くと、龍女と一人の少女とは共に黄龍に化して、五色の雲に乘つて井戸に入つた。之れを見た帝建は、少しも口に

は許さなかつたが、龍女が還つて來て、夫婦の道は信が無くてはいけない、あれほど約束したのに、どうして覗いてくれたか、さういふ人とは一緒に居ることは出來ない。その怒り樣は非常なもので、再び少女と共に龍に化つて、井戸に入つて仕舞つた。

隆は又、別に姓名を定めて王建と云つた、王建が位に卽いて、父の居りし所を正殿とし、龍女を尊んで溫成王后（一に元昌王后）とし帝建を懿祖とした。王建は卽ち高麗の太祖である。

子孫が死ぬ

京畿道に燕興島といふ島がある。高麗の末に翼靈君琦といふ人が、高麗朝の亡びやうとするのを知つて、姓名を變へ家族を携へてこの島に遁れた。その爲にこの人の家族は、高麗の亡びた時に水に入つて死ぬ事を免れた。

この人の居つた室は三間あるが、今日でも封鎖して決して人に見せない。內には書物や茶碗皿などがあるといふが、どんなものか見た人は無い。昔一人の官吏がこれを開けやうとした處が、その子孫は驚いて云ふに、どうぞ開けないで下さい。もしこれを開けると我々子孫は必ず皆死にます

それ故、今日まで三百年間相戒めて開けた事はありません。官吏も仕方がなく、思ひ止つたさうで。何でもその子孫といふのは牧馬場の牧子となつて居るといふ話だ

高麗寺

昔高麗の文宗が子の無いのを慨いて佛に祈つたら、其の御利益で忽ち一人の男の子が生れた。王樣は大層喜んで、掌中の玉と愛しむが、さうかよまぬ

高麗寺……(一〇二)

が、其の子は晝夜啼き通して居る。然し不思議な事には、時々木魚の聲が何處からともなく響いて來る。木魚の聲がすると、今まで啼いて居たものがぱつたりと啼き止む。木魚の聲は或は遠く聞こえ、或は近く聞こえ、空中から來るやうにも思はれる。王様は家來共に命じて、その聲を尋ねさせた。家來共は手を分けて尋ねて行くと、その聲はだん〳〵遠くなる。海を渡つて南の方まで行つてよく聞くと、武林の鏡湖の畔かららしい。其處まで行つて見ると、一人の僧が居て、お經を誦みながら木魚を打つて居る。家來共はその前に立つて敬禮して、

どうか朝鮮に渡つて、世子の啼くのを止めて貰ひたい。

と願つた。するとその僧は、

世子はどんな風か。

と聞くから、一伍一什を物語り、尙、その臂に佛無靈の三字が書いてある事

をも話し、

一體世子は王が佛に祈つて生れたものであるのに、佛無靈とあるはおかしい事である。

と云ふと、僧は、

それは妙だ、それならば行つて見てやらう。

そこで僧はその人々と共に海を渡つて來て王樣に謁した。王樣は大喜びで、世子を召んで僧に見せると、僧は合掌してこれを拜む。世子もこの時は笑つてこれを見た。この不思議を見た王樣は異んで、

何か譯があるのか、今迄は笑ふどころか、啼いてばかり居たものが、この樣子は、どう云ふのだらう。

と云ふと、僧は對へて、

世子は全く衲の師であります。衲の師は比丘となつたが、初は擔輿夫で、

輿を擔いで錢を得れば、衣食の費の外は皆井戸の底に投げ込んで置いたのです。それが永い年月に、積り積つて大金となりました。そこで寺を湖畔に建てましたから、衲はその弟子となりました。寺が出來上ると、衲の師はふと跛になりました。「これは困つた」と云ふ中、翌年は又盲になりましたから、益々困つて、「何か療治の法はあるまいか」と佛にも祈つたが、少しも利目がありません。すると、その翌年の夏一日大雷鳴が遂に落ちて、師はそれに震たれて死んだのであります、衲は甚だ不平で堪りませんから、佛無靈の三字を師の臂に書いて葬りました。それが今貴い世子となつて生れやうとは思ひもかけなかつたのです。

王樣初め、聞き居る人々は感心して、何とも云ふ者は無かつた。王は、誠にお前の云ふ通ならば、佛は靈が無い事は無い。世子の啼くのも、木魚を好くのも、臂の文字も皆佛の力である。然らば、今佛に報ゆる爲に寺を建立して後生の善い果を得やう。

と云つて、高麗寺が出來たのである。

腋下の鱗

王太祖の女子等は兩腋に龍鱗がある者があつた。それ等は代々留めて後宮に置き、その鱗の無い者は、いつも降嫁する事に遺言してあつた。王朝の中頃に、妹を以て妃と爲すことを見て、宋史で之れを譏つたが、それは、この事實を知らないからである。隨て之か一般の風俗で無い事は云ふ迄も無い。李太祖が高麗の王禑を廢し、恭讓王瑤を立て、又、恭讓王に命じて禑を江陵に殺させた時、禑は

王氏は龍の血統である。その證據には腋下に鱗がある。爾等これを視よ。

とて腋を見せた。人々が近づいて之を見ると實にその通であつた。

まゝ母

今から五百年程前には、鐵山郡を銅山縣と曰つて居た。そして郡守を防禦使と呼んだ。

この銅山縣に裵座首といふ役人が居たが、この人には男の子が無くて、女の子が二人有つた。姉は蓮花といひ二十歲、妹は紅蓮とて十八歲、二人共に才色優れたものであつた。父母共に掌中の珠と愛して、婿選をして居たが、月に群雲とやら、二人の母はふとした病氣が原で、歸らぬ旅に立つて仕舞つた。殘つた人の悲はどれ程であつたらう。

年月は早く過ぎて、一年經ち二年經つ中に、父は後妻を貰ふ事になつた。これまで圓滿であつた家庭も、これからは世間普通の「まゝ兒いびり」で、二人の姉妹は窃に涕の袖を絞る事が多かつた。まゝ母は又どうかして二人の姉妹を亡き者にしたいと考へた。そして考へるも考へたもので、大きい鼠を取り寄せて、皮を剝ぎ、これを姉の布團の中に入れて置いて、偶然に見出した樣にけたゝましい大聲を出して、

夫を持たぬ娘が子を生むとは、どういふものか、兩班の娘がこれでよいのですか。

夫も閉口して居ると、

兩斑の家にこんな事が有るのは奇怪の事だ、役人の娘がこんな事をして、それで人を治める事が出來ますか、これはお上に知れない中に何とかしなくてはなりますまい。

と疊みかけて責めるので、姉は辯解する事も出來ず、たゞ泣くばかり、夫は呆然として立つて居る。

この夜姉は家を出て、近邊の池に身を投げた。妹は姉の家出に氣が付いて

後を辿つて池の邊に立つた時、姉の悲しい姿が水の面に浮いて居るのを見て自分も姉の後を追つたのである。その後二人の魂は防禦使の夢に入つて、この事を詳細に話した。防禦使は不思議に思つて一應調べて見ると、一々その事情が明白になつた、そこで裴座首を叱り、その後妻をば重い罪に行つたさうだ。

問の字

李成桁が、義州に善く占ふ者があるのを聞いて、身の上判断を頼む爲に、自分で其處へ行つた。

卜者は、

お前の骨相はなか〳〵立派なものである。何か文字を一字書いて見よ。

と云ふ。李成桂は、

『問』の字を書いて出した。卜者は暫く考へて、
右見君、左見君、必是君王之狀
と說明した。李成桂は大喜びで歸る途中で、自分とよく似た顏の同姓の乞食に逢つて、
オイ〳〵、お前に一寸賴みがある。聽いてくれるか。
と問ふ。乞食は、
ハイ〳〵、何か御用で御座いますか、御賴みとあれば何でも致します。
李成桂は、之れを聞いて、
義州に卜者の名人が居る、お前は其處へ行つてお前の身の上を判斷して貰つて見ろ。その卜者は文字を書けと云ふから、その時は『問』の字を書いて出せ。

と云つて、さて又、

これは少しだがお金を遣らう。そしてお前は見て貰つたら直ぐに歸つて來い。我はこの村に待つて居る。

乞食は喜んだ。早速尋ねて敎へられた通すると、卜者は、

門下懸口、必是乞人也

と判斷した。乞食は歸つて李成桂に告げると、李成桂は大きく首肯いた。李成桂は卽ち朝鮮の李太祖である。

金　應　瑞

金將軍は龍岡郡陽谷面桐隅里に生れ、三十歲ばかりの時壬辰の亂に遭ひ、大軍を率ゐて平壤に苦戰して大功があつたから、その薨くなつた時政府は龍

岡縣令に命じて、縣廳の南十町の處に忠烈祠を建て、それからは春秋の祭も嚴肅に行はれた。又、その子孫は今は桐隅里に七十餘戶も殘つて居る。

將軍が二歲の時、その母は畑に草取に行つて、將軍を畑の隅に寢せて、其の上に雨笠をかざして蔭にして置いた。處が、蟻が俄に澤山集つて其の周圍を回つて、何列となく圓陣を作り、之れを保護した。

又ある日は田の畔に寢せて、丸い石を枕にさせて置いた、時に加藤清正と小西行長とが僧侶になつて、朝鮮の樣子を見に來て居たが、丁度龍岡へ來てこれを見た。淸正は、

これは人品のよい兒だ。

と云ひながら、足でその石の枕を蹴飛ばした。が、奇妙な事には、その兒の頭は地に着かない。淸正は驚いた。

この兒は只人では無い。これが成長するならば、どんな者になるか分らな

い。今殺すがよからう。

と云ふと、行長は反對した。

この兒などが何事が出來るか、そんな心配は要らない。

清正も强ひてとは云はなかつたが、清正は心の中で、どうしても生して置いてはいけないと、思つたから、龍岡の山靈神に祈つた。山神は、それならば、彼の母がどの位愛して居るかを見て、その如何によりては殺してもやらう。

と云つた、其の後彼の母は、常の如くに石の枕をさせて田の畔に置いた時、山神は大蛇になつて、その兒の腰に巻き付いて居た。母は笑ひながら、

應瑞は腰に黃金の帶を締めて居る。

と平氣で云つた。山神はそのまゝ歸つて、又更に大きい虎になつて、その兒の傍に行つた。すると母は、

應瑞は一人で淋しいから、虎の叔父さんと遊ぶがよい。

山神は今一度試みやうとて、母の留守の時を見て、高い棚の上に置いた炙り豆を食はせ、又、鍋の中から粥を攫み出して食はせた。その處へ母が歸つて來て、

應瑞は腹が減つたと見える、可哀さうな事をした、お母さんが惡かつた。

と云つて、怒るどころでは無い。山神は大層感心して、清正に斷つた。

こんなに愛する子供を、どうして殺すことが出來やう。

清正は失望して仕舞つた。

月日の經つのは早いもので、應瑞は平壤の書堂に通つて勉强する樣になつた。才智も腕力も人に勝れて居たが、ある日途中で農夫が田の畔に休んで居るのと話をする時、傍にあつたホメを反對の方に曲げて、知らぬ振をして平壤に行つた。歸りに又其處に來ると農夫は大いに怒つて居る。應瑞は笑ひな

ホメ：手鍬にて内地の鎌の形に似たり

がら、元の通に手で曲げ直してやつた。後に又武藝をも學んで、これにも精通したが、深く山中に隱れて居た。

宣祖王

その年、加藤清正は支那征伐の爲に、八兆八億の兵を率ゐて進み來て、朝鮮八道は草の風に伏す如く、國王は義州に逃げて統軍亭に駐り、頻に支那の援兵を求めた。が、支那からは少しもその返事が無い。王樣は非常に困つた

その時一人の臣が、

王樣が瓮の中に入つて泣かれたならば、援兵は必ず來ます。

と申上げた、王樣は親ら今の統軍亭の瓮の中で泣いた。支那ではその聲を聞いて、

どうもえらい聲だ、これは助けてやらなければなるまい。

明の神宗

皇帝の仰せで李如松と李如柏の二將軍が、雲霞の如き大軍を引き連れて救ひに來た。

今の第一公立普通學校

この時小西行長は朝鮮の妓生桂月香と共に、平壤の大同館に宿つて居た。金應瑞は國家の急を救ふ爲に、俄に義州に赴き、

私は敵を追拂ふことが出來ます。

と申出た。王様は大層喜ばれて、之れを褒め、

國の爲に忠義を盡すやうに。

と仰せられた。金應瑞は直ぐに平壤に歸り、月香と約束して、月光の兄と稱し、行長に面會した。行長は少しも疑はずに室に連れて酒を出して御馳走した。その時月香は窃に酒に毒を入れて、之を行長に飮ませた。行長は非常に醉つて臥て仕舞つた。月香はその寢室の鈴陣の鈴の穴に綿を詰めて音のしない様にして置いた。この鈴陣といふのは、昔將軍の寢室には、警鈴を掛けて他人が室に入る時は、自然に鳴つて注意を惹くやうにしたものである。應瑞は、時刻を見計つて靑龍刀を提げ、月香は裳に灰を入れて行長の寢室に入つ

平壤の西郊

た。すると、行長は熟睡して居たが、行長の劍は敵が來たのを見て、自然に拔け出して應瑞に向つて來た。應瑞は唾を吐いてその劍を倒し、進んで、直ぐに行長の首を斬つた。その時その首は元の體に着かうとして、そちこち飛び回るのを、月香は裳に入れて來た灰を取つて、手早く切り口に振り撒いたから、首は體に着く事が出來なくなつた。然し、その體は指に六甲を數へて自分の劍を探り、應瑞に投げ付けた。應瑞は忽ち鷹に化して、月香を腋に挾み、その部屋の梁に居たが、之を避けそこねて、足の小指を切られた。

應瑞は目的を達し、月香を背負ひ、普通平野を逃げたが、途中で考へた。「月香は行長の胤を宿して居るに違ひない。のみならず、世間の人に應瑞は女の力を借りて敵將を殺したと云はれるも面目ない。可愛さうではあるが、序に月香の命も貰ふ方が好い」とて、遂に月香の腹を切つた。腹からは大きな血の塊が出て、大きな聲で、今三月で父の讐を打つのであつたのに。と云つたさうだ。

術競べ

今から約三百年前、金剛山に西山大師が居り、妙香山に四明堂が居た。兩人共に佛道は勿論、儒術にも精しく、政府からは相當の禮遇を受けて、萬民の尊敬は類無い程であつた。壬辰の亂の作戰計畫も、媾和條約も皆この二人の胸中から出たといふ話である。

四明堂と西山大師とは、この樣な人であるが、その初め二人の間に面白い話があつた。

四明堂は「神術は自分が朝鮮第一だ」と常に威張つて居た。ある日、金剛山に西山大師といふ豪傑が居るといふ事を聞いて、それを弟子にしてやらうと思つて、金剛山に出かけて行つた。

西山大師は早くもこの事を知り、弟子を呼んで、

今日妙香山からお客が來る、お前は途中まで出迎へに行つてくれ。

と云ふ。弟子は當惑して、訊いた。

一度も遇つた事も無い者を、どうして見出しますか。

大師は、

其の人は、川の水を逆に流して來るから、直に知れる。

と敎へた。弟子は途中で四明堂に行き逢つた。

お出迎ひに參りました。

四明堂は少し驚いたが、何氣無い風をして、

それは御足勞をかけて相濟まぬ。

と會釋して、連れ立つて行つた。

金剛山に着いて、四明堂は先づ飛んで居る雀を一羽自分の手に引き付けて、西山大師に、

この雀は生乎死乎

と訊いた。其の時大師は四明堂を迎へる爲に室外へ片足を出した處だつた。

衲は今出る乎入る乎。

と問ひ反した。四明堂は笑ひながら、初對面の挨拶をした。それから座に着いて、西山大師は碗に水を入れて持つて來て、其の中から幾つも大きな魚を出して、四明堂の前に並べて、さて、

われ等は僧侶だから魚類は食べられない。が、しかし、又、元のまゝにして出したならば差支はあるまい。

と斷つて、それを食ひ始めた。四明堂も、

それでは拙僧も頂戴致します。

術競べ……(一一九)

と云つて食べる。暫らくして大師はその魚を吐き出して再び水の中に游がせた。四明堂も負けない氣になつて吐いて見たが、それは動かなかつた。次に鷄卵を積む事になつた。四明堂は地面から積んで實に甘く積めた。大師はと見ると、空中から段々に下に積み下した。

正午になつて、

どうも粗末な麵ではあるが、召し上つて下さい。

といふのを見ると、麵ではない、針を鉢に盛つたのである。大師は平氣で甘さうに食つて居るが、四明堂には箸が取れなかつた。

そこで流石の四明堂も、我を折つて、西山大師の弟子になつた。

酒泉石と漫山帳

仁廟の時、日本で琉球を攻めて、その王樣を擒にして行つた。その世子は國寶を載せて、父を贖はうとして舟を出したが、漂うて、濟州島に流れ着いた。濟州島の牧使が、之を檢べると、その寶の中に酒泉石と漫山帳といふのがある。酒泉石といふのは一つの四角な石で、中央が凹く其處に清水を入れると、忽ち清酒になる、又、漫山帳は蜘蛛の絲を染めて織つたもので、大きなものでも小さいものでも、自由自在に覆ふ事も出來、雨も漏らないものである。牧使は珍らしがつて、是非之を讓つて貰ふ積りで交渉したが、世子は、一これは日本國に贈るものだから。

とてなか〳〵承知しない。牧使は大層怒つて、兵を出して世子を捕へやうとした。世子は、その寶を海に投げ込んで仕舞つた。牧使は船の中の物を皆取つて世子を打ち殺した、世子は殺される時に、筆と紙とを請ひ、一つの詩を書いて出した。

堯語難明桀服身。臨刑何可訴蒼旻。三良八穴人誰贖。二子乘舟賊不仁。骨

曝沙場纒有草。魂歸故國弔無親。朝天下滔々水。長帶悲冤咽萬春。牧使は「世子が邊境を侵したから殺した」と胡麻化して置いたか、後に事が露れて罪せられた。

×朝天館は濟州島に在り

全羅南道　慶尙南道と全羅北道との境にあり

仙人

南趎といふ人は谷城に住んで居た。

或る時、家僮に手紙を持たせて、智異山の青鶴洞にやつて云ふには、お前が行くと、二人のお爺さんが向ひ合つて坐つて居るから、この手紙を渡して來い。

そこで、家僮は行つて見ると、巖窟の間に畫閣があつて、俗人の住む所とは思はれない。

手紙を出すと、一人の翁さんが老僧と碁を打つて居たが、

崔孤雲は致遠の號なり

お前の來るのを待つて居た。

とて、すぐに返事の手紙を書いて、青玉の碁石を添へてくれた。家僮は、お暇申して出かけると、道の邊の草は芽を出して、天氣は晴れ、風は暖かで、正に二月頃の陽氣である。

これは不思議だ、家を出たのは九月で、木の葉は落ち、雪も時々降つて居たのであつたのに。それに、家を出てから一度も飯を食はないのに、腹も減らない。

と云つて家に歸つた。

趙が死んでから、その青玉の碁石も何處へか失つて仕舞つた。世間では爺さんは崔孤雲で、老僧は黔丹禪師だと云つて居る。

彌勒

彌勒………（二三）

人物……（二四）

昔、定州郡新安面に趙漢俊といふ人があつた。この人は貧乏ではあつたが、性質は至つて溫良で、然も公共心に富んで居た。

この新安面と定州邑内との間に達川江があつて交通が甚だ不便であつた。趙は之に橋を架けやうとして、面々を回つて金を集め、とう〳〵橋を架ける事となつた。そこで石工に命じて大きい石を集めたが、一つの大石はどうしても人の力では運べさうもない。趙はどうしやうかと心配して居ると、ある夜の夢に、一人の仙人が來て、

お前は石を運ぶことを大層心配するが、それは安心して居るがよい。

と云つて、大勢の仙人を集めて、澤山の牛を使つて石を運んでくれた。趙は大いに喜んで、

まづこれで好かつた。

と云ふと、それは全く夢であつた。趙は、

ア、今のは夢であつたか、何だつまらない。

と思つた。が、然し不思議な夢だと思つて、翌日橋に行つて見ると、その困つて居た大石は、川の傍に運ばれてあるし、近處の家々の牛は、汗を流して寢て居た。

然るに、この趙が、集金中から二文出して草鞋を一足買つて穿いた罪で、とんだ事が出來た。それは、趙はこの大功德に依りて、支那の天子の皇子として生るべきものが、皇女として生れたのである。その皇女が生れた時、脊に「朝鮮趙漢俊後生」と書いてあつたので、天子様は大いに驚かれて、朝鮮の王樣に、

趙漢俊といふ者があつたか、若し有つたならば、それは、どんな人であつたか。

と問うて來た。王樣は、

彌　勒……（一二五）

さういふ人は朝鮮には有りません。と答へられた。支那の天子樣は、「それでは、これは怪しい者だ」とて斬捨て仕舞つた。

すると、その靈魂は朝鮮に來て、趙の親族の者の夢に入り、これ迄の事と又、これから、彌勒となつて後の山に現るべしと告げた。其の人は後の山に行つて見ると、不思議にも、一つの石が出て、日々に大きくなる、村民は家を建てゝこの石を覆ふと、數月の中に家が小さくなる。改築又改築、數回に及んだ。それで、この彌勒に祈れば、福は來り、病は癒り、災は息み、願望は成就するので、村の人々の信仰は大層なものであつた。

たゞ不思議なのは、この趙の一族の娘は皆生れながらに腹が膨れて、丁度孕み女の樣である。これは何故とも分らないが、彌勒の腹もそれと同じく膨れて居る。

これはどうも體裁が宜しくない。彌勒の腹が小さくなつたら、人々の腹も小さくなるだらう。

趙氏の者共が相談して、石工を連れて來て、彌勒の腹を削らせた。すると、血が出てなか〳〵止まらない。人々は「どうしたらよいか」と迷つて居ると、ある氣の利いた人がその腹に石灰を塗つたら血が止まつた。然し、發議者は第一に死ぬし、趙氏の一族では引つゞいて大勢死んだのである。

この石は一丈の高さで、形は人の如く、石灰も今倘ほ殘つて居る。

全　剛　銅

郭山の南望日峯といふ村に、全剛銅といふ人があつた。幼い頃は家が貧しくて、學問することも出來ず、人の家に奉公して居た。十六歳の時飄然と家を出て、或る寺に炊夫となつて學問しやうとした。この寺の僧侶は皆力士で百斤の鐵の棒をも打ち振る程の者ばかりであつた。

「この寺の僧がどうして皆こんな力士のみであるか」といふことは、第一に剛銅の疑つた處であつた。どういふ譯かなか〱分らない。たゞ疑ふべきはこの寺の僧共は毎夜三更の頃になると、何處へか行つて暫らくすると歸つて來る。そこで、剛銅は或る夜、忍んで後を尾けて行くと、或る谷に流れる水の所へ行き、大きな岩を片手で起して水を飲み、そのまゝ歸るのであつた。

ハヽア、これには何か秘密があるに違ひない。或は、彼等の力はこの水を飲む爲ではないか。

剛銅はこんなに考へたから、その翌晩からは、毎夜その谷に行つたが、岩が大きいから持上げることが出來ない。そこで、竹の管を挿し込んで、その水を汲ひ取る工風をした。そして、十四五夜も續けると、其の巖を自由に動かす事が出來る程になつたから、剛銅は大に喜んで、「これで家に歸つても好からう」と思つた。なぜならば、このまゝ是處に居れば事が露れるに違ひない。それも二人か三人ならば負けもしまいが、寺僧が大勢だから、剛銅に勝目は無い。

兎に角、今は家に歸へる時だ。

剛銅は翌朝炊夫を辭して家に歸つた。

郭山には毎年陰曆五月五日には大角力があつて大層賑ふのである。剛銅はこの大怪力を得たので、この角力會に出て輸贏を爭つた。すると、案の如く彼に敵する者は無かつた。その後、宣川定州等の大角力にも出たが、月桂冠はいつも剛銅の頭に戴せられた。剛銅の名は誰知らぬ者はないので、そろそろ自慢の鼻をうごめかして、

おれの相手はあるまい。

全　剛　銅……（一二九）

と云ふ様になつた。

全剛銅に一人の姉があつた、この姉は幼い時に家を出て山に入り、剛銅が寺から歸つた年に、家に歸つた。そして、力も剛銅以上に付けて居たが、少しもその様子を見せない。嫁入りもしないで、母を助けて居た。この頃弟が餘り驕慢に流れるので、時々之を戒めたが少しも効が無い。

いつか一つ懲らしてやらう。

と思つて居ると、又例の端午の節となつた。剛銅は多くの相手を倒して、意氣揚々として居る。この時姉は男の裝束をして出たが、剛銅は少しも氣が付かない。心の中で、

この少年がどれ程の事があるものか。

と輕蔑して掛つたが、どうして〳〵なか〳〵の强力である。剛銅も段々と滿身の力を出して角力ふと、向ふも之に連れて力を出す。剛銅にどこか隙があ

つたと見えて、たうとう抛り出されて仕舞つた。勝ち續けに勝つたものが負けたから、見物人は驚いた。それから更に二回角力うて見たが、一度も勝てない。見物人はヤンヤと譽めて、

剛銅を倒したのは誰といふか。

どこの人か。

幾つになる。

などと叫んで拍手喝采暫しは止まなかつた。剛銅はすご／＼と家に歸り、時時溜息をついて居た。姉は群集の喚呼の中を拔け出て、家に歸つて、弟の歸るのを待つて居る。剛銅は思ひ詰めて、炊事場に入つて庖刀を研ぎ始めた。

姉は、

お前は何をするのか。

と問ふと、剛銅は何の返事もなく、自殺しやうとする。姉は可笑しさを怺へ

聲を勵まして、

姉弟の間で何も隱す事は無い筈、死ぬといふのはどういふ譯か。
と詰つた。剛銅は一伍一什を物語り、

到底あの少年を倒す見込は無いから、死ぬより外は無い。

姉は大いに笑つて、

それは匹夫の勇とかいふものではないか、一旦負けたならば更に勝つ工夫をするがよい。お前は何時も自慢して敵を侮るから不覺を取るのだ。今私がお前と力を競べて見やう。

姉さんなどは私の敵ではありません。

ソレまたお前の高慢が始つた。

二人は力を競べて見ると、曩の少年と全く同様である。剛銅は、

それでは曩の少年は姉さんでしたか。

と問ふ。姉は事の次第を話したから、剛銅は大いに面目を失つた。

其處へ、

金剛銅は在宅か。

と七八人の惡僧が來た。これは曩に炊夫をして居た寺の僧で、所謂カナタ僧とて、常に力に誇り、富者の財を奪ひ、又時としては官命にも叛くもの故、誰も皆ゲヂ〳〵の樣に厭がつて居る者である。剛銅が力の強いのを聞いて、之と力を角べて殺さうとするのである。姉は、

何か御用ですか。

力を角べる爲に來たのだ。

今日は生憎十里ばかり隔てた親戚の家に行つて不在ですが、三日の後には歸ります。

僧共も留守と聞いて仕方なしに歸つた。それから、姉はこの事を剛銅に話す

と、勝負をしないのを残念がる、姉は、

お前は何も残念がる事は無い。徒に彼等と力を角べて、若し負けるならばこれほど馬鹿氣た事は無い。計を以て殺すがよい。

と敎へて、大きい岩を運んで來て、門に吊つて置いた、三日目に彼の僧共は來た。姉は、

昨夜歸つたが、今隣の家に行つて居ます。

僧共はこれを待つ間に、石を見て訊いた、

この吊つてある石は何か。

姉は答へた。

剛銅は食後には必ず躍つてこの石を頭で碎くのです、今は餘程缺けて小さくなつた。

僧共は、

剛銅の歸るのを待つ間に、我等も頭を打ち付けて見やう。石が頭で碎けるものではない。石を碎かうとした僧共は、却つて自分の頭を碎いて六人迄も死んで仕舞つた。他の者はコソ〳〵と逃げて歸つた。寺の僧はこの事を聞いて、數百名の僧侶を集めて又攻めて來た、姉と弟とは仕方なしに屋根に上つて、瓦を投げて防ぎ、百四五十人も殺したから、僧共は又逃げた。

この事が監察使の耳に入り、上奏して宣川縣令を授け、姉にも種々の褒美を下さつた。

姉はその後、

女は出て人の妻となるべきものである。されども、我は思ふ處ありてこ〵に身を捨てるが、お前はます〳〵立身して、名を後世に揚げてくれ。

と遺書して、自殺した。剛銅は悲嘆に暮れたが、さてあるべきにもあらずで之から一層心を勵まし、學を修め、武を研き、屢々外夷を防ぎ、內亂を平げなどして、實に多大の功績を殘した。

望日峰には、今もこの姉弟を神として、社を建てゝ祀つて置くのである。

中年孝子

寧遠郡邑內面立石里（온돌）といふは戶數二三十戶の小村である。こゝに七十餘の年寄と、それの悴夫婦と六七歲ばかりの孫との一家があつた。その悴は有名な不孝者で、妻の云ふ事ばかり聽いて、老人を虐待し、常に農業の手傳をさせて居た。ある冬の寒い朝、早く起きて、妻は押切（작두）の据ゑ付けてある處に行き、玉蜀黎の稈を刻み始めた。この地方では、秋の玉蜀黍の稈を貯へ置き、これを細く刻んで、釜で煮て牛の飼料とするのである。妻は寒いので少し刻んで家に入ると、その不孝者は、老人が今寢所から起きて

來たばかりなのを、何か大事件でも出來たかの樣に呼び立て、この仕事を命じた。老人は常の事であるから、別に苦情も云はず、寒さを怺へて稈を切つて居る。其處へ、炊事場から孫が驅けて來て、老人の傍に立つて見て居たが、忽ち寒さに堪えず顫えながら泣き出した、不孝者は周章てゝ、自分の兩腕に着けて居た吐手を脱いで子の兩脚に穿かせた。この時老人は、

お前を育てた時も、今お前がお前の子を勞つた樣に、暑からう寒からうと思ひ、まづい物は自分で食ひ、旨いものはお前に與へて、そしてお前を育てたのだ。

と云つた。これを聞いた不孝者は、この時飜然として先非を悔い、親の心は同じであることを悟つた。これからは、老父の孝養に心を盡し、遂には孝子門を立てられる程になつた。この不孝者は中年に孝子となつたといふ意味で人々は、中年孝子と云つたさうだ。

中年孝子……（一三七）

白將軍

昔は、大邱川は琵琶山の麓に沿うて大邱の西を流れ、琴湖江に合したものである。然し、年々洪水が出て、大邱の人々は常に之に困つて居た。今から二百年ばかり前に、大邱の郡守に李淑といふ人があつて、大邱川を鑿つて水を南に誘き、且つ堤防を築いたから、水害は無くなつたばかりで無く、新に數千町歩の田畑が出來た。

この新川に就いて、次の樣な傳說がある。

年代はよく分らないが、白將軍といふ力士があつて非常な强力であつた。その頃新川の中の淵に龍馬が住んで居るといふを聞き、之を捕へやうとて、足泉に行つて其の出るのを待つて居た。龍馬は一寸出たが、將軍の居るのを見ると同時に水の中に潜つて仕舞ふ。幾度も行つたが何時もこの通り、將軍

慶尙北道の大邱の南にあり洛東江の支流

新川とも防川ともいふ

俗に足泉といふ

はどうしても之を捕る事が出來ないから、藁人形を建てゝ置いた、其の後龍馬は出て見ると人が立つて居るので、忽ち水中に潜つたが、その中に馴れて藁人形の傍に來て、頭を擦り、鼻を當てゝ戯れる樣になつた。將軍は「今は大丈夫だ」とて、その人形を取り去つて自分が人形の代りに立つて居た。龍馬はそんな事とは少しも知らないから、例の通り出て來て、何氣なしに傍に寄つて來た、將軍は「こゝぞ」とばかりに、其の鬣を捉へて放さない。そこでたうとう將軍に捕へられた。

將軍は後にこの馬に乘つて、天に上つたといふ話だ。

眞池洞

今から數十年前に、龍岡郡日蓮池面に金敏といふ孝子があつた。ある日、母が、犬の肉を食べたいが、今はどこにもあるまいか。

と云つた。敏はこの時丁度河向ふで犬を殺した事を聞いて居たから、

河向ふの某が犬を殺したといひますから、貰つて來ます。

早速に出かけましたが、この兩三日大雨が降つて居るので河を渡るのは容易でない。が、兎に角行つて肉を尋ねると、昨日殺したといふ肉があつた。敏の喜びは非常で、早速歸らうとした。この時は川の水が殖えて渡るのが危險である。それでも敏は一刻も早く母に食べさせたい。そこで、人々の止めるのも構はず歸途に就いた。人々は「この孝子を獨り返すは劍呑だ」と思つたから、四五人あとに尾いて來た。敏は急いで河端に來て見ると船では到底渡れない。どうしたものかと、暫し立つて見て居たが、決心したものと見えて着物と肉とを頭に結び付けて河に躍り込んだ、勿論泳いで渡る積りである。するど不思議なるかな、敏が一方の足を水に入れると水は二つに割れて、河

底の土が現れた。段々進んで行くと河底に道が出來た。お供に尾いて來た人はこれを見て驚いたの驚かないのでは無い。村中を觸れ回つた。敏孝子の名はこれが爲に一時に高くなつた。

ある日又、母は鯉を食べたいと云ふ。敏は之には困つた。家は貧乏で生活に困難ではあるが、賣る處さへあるなら、金の工夫をして買はれない事も無いが、今は冬の事ではあり、池も川も皆氷が張り詰めて居る。これでは何とも仕方が無い。今は神佛の力を借りるより外は無い。と思つたから、眞心を込めて天に祈つた。

私の母は今病氣で鯉を食べたいと云ひますが、私の力では求めることが出來ません、どうぞ私の心を憐みて鯉を一尾授けて下さい。

祈り終ると、今まで晴天であつたものが忽ち大雨が降り出し、池の氷は解けたと思ふ中に、鯉が一尾浮いて出た。敏は大いに喜び、神に謝し走り歸つて

母に奉つた。その時敏は其の池を指して、

眞の池だ。

と云つた。それから池の名となつた。この事が官に達して孝子門を建てて之れを旌した。その門は今も殘つて居る。

慾深の總角

今より數十年前に、平壤の觀察使の下に刑吏として、今の參與官の樣な役人があつた。その刑吏に一人の召使があつて、年は十七八でも、まだ總角であつた。この總角が、毎日主人の辨當を持つて今の烟草會社の裏手の道を通つて居たが、往きにも歸りにも、桂月香の祠の隣の何大監とかいふ神を熱心に拜んで、

どうか私に大金を授けて下さい。

總角　妻を娶らぬものをいふ

桂月香　月香の事は前の金應瑞の條に詳なり又月香の祠は今の第二普通學校の西隣に移したり

平壤神社の東方の谷

と祈つた。

或る夜の夢に白髪の老人が現れて、

お前の志の切なるに因つて、願ひの通りに金持にしてやる。就ては明日鏡山谷の前の丘を掘れ、そこから一つの黄金の桶が出るであらう、その桶の中には澤山の黄金の塊があるが、三箇だけお前に遣るから持つて歸れ。

といふのであつた。總角は大いに喜んで、之は神のお告げであると思つて、その翌日歸りがけに鏡山谷に行つて、老人の敎へた通りそこを掘ると、大きい黃金の桶が出た。飛び立つ程に喜んで蓋を開けると、夢知らせの通りに黃金の塊が幾百ともなく有つて、目の眩むほどに光つて居た。

總角はこれを見ると共に、慾心が起つて、

自分の掘り當てたものだから、これを皆自分の物にしても差支無からう。

と一つ取り、二つ取り、三つ取り、今四つ目に手を掛けやうとすると、忽ち四方から大風が吹き起り、雷は耳を聾にするほど鳴響き、大雨が俄に降り出した。それが爲に丘は崩れて、今掘つた所も皆埋つて仕舞つたから、總角は命からぐヽ逃げ戻つた。

又、平壤の南方今の明村あたりの外城の中にも、それと似た黃金があつて、何時も日中には兩方が互に光つて居たといふ。その後誰も掘り出したといふ話も聞かないから、今もまだ殘つて居るに相違ない。

簞笥の火

全羅南道の海南には、今警察署も郵便局も郡廳もあるし、學校も出來て居るが、さりとて大して名も知れても居ない。然し、昔はこヽが支那と日本との往復の中繼場になつて、船は皆こヽに寄港したものであつた。

この海南にある兩班の一人に、鄭某といふ男がある。この人は新しい敎育も受けて、郡書記を勤めて居るが、この人の家は町の中程にあつて支那式の瓦葺で、石垣を回らし、なか〳〵立派なものである。

大正六年の春、朧月夜を幸ひに、郡廳の役人を初め駐在所の巡査等を招待し、家族五六名と共に牛飲馬食して夜の十二時に散會した。そこで、鄭書記は自分の部屋に入つて少しウト〳〵すると、今まで暗かつた部屋が急に明るくなつた。ハツト驚いて目を開くと、又、元の樣に眞暗になる。この樣にする事三度程だつたが、今度は俄に部屋の隅に置いた簞笥の蓋が自然に開いた。「ハテナ」と思ふ中に、眞赤な火と青い火とが絡み合つてボーツと燃え出した。鄭書記の驚きは一通や二通では無い。庭に驅け下りて家の人々を召び起した。その青赤の火は簞笥を出て火の蛇になつて這ひ出して、家の周りを回るから、鄭書記はその場に卒倒した。その中に夜も明けたから、郡廳や警察署にも屆出たが、誰一人之を信ずる者は無かつた。然し鄭書記が嘘を云つて人を噪がせるといふ事はあるまいからとて、其の夜は巡査が番をする事になつた。

家族は恐れて居る故、他に移し、内地巡査数名で冗談半分に夜を更して今か〳〵と待つて居る、不思議の火は又、前夜と同じく燃え出し、火の蛇が家を回るのも鄭書記の話の通である。巡査は銃を放ち、消防隊は驅け付けるなどして、一時間ばかりで火は消えて仕舞つた。

この怪火は、朝鮮には其方此方に時々起る事で、これが爲に一村燒けた事もあり、又一軒にこの火が起ると忽ち他に移つて行くといふ珍しい火である。朝鮮ではこれを「トケビ」と云つて居る。

鄭書記はこの恐ろしい家には住まれなくて、他に移轉したさうだ。何にしても不思議な火である。

目ッかちと鼻かけ

昔、朝鮮が支那の屬國であつた時、支那から朝鮮の文學を調べやうとて、一人の學士を送つて來た。その事が知れると、朝鮮王は大いに心配して、

この試驗には誰を出したら宜いか。

といふと、金春澤といふ人が、

私が支那の使を迎へて、無事に處分しますから、王樣にはどうぞ御安心なすつてください。

と申出た。王樣は喜んで、

それではよい樣に取計らへ。

と命令した。

春澤は直に仕度をして義州に出かけ、船頭の服を着て、鴨綠江の渡場に待

つて居た。

支那の使臣が着いたといふので、渡場は大噪ぎ、春澤は片目の男だが、使臣の船を預る事となつた。使臣は春澤の片目なのを見て、戯れに一句を口誦んだ。

鳥啄使工目

春澤は使臣の顔を見ると鼻が少し曲つて居るから、取敢えず、

風吹都士鼻

と云ひかけた。使臣は「この船頭なか〳〵隅へは置けぬ」と思ひながら、

と又一句を詠み出した。春澤は直ちに、

棹穿波底月

船壓水中天

と附けた。使臣は驚いて、「船頭にすらこの通り勝目が無いから、京城に往

使工とは船頭のことなり

つてどんな恥をかくかも知れない」と思つて、そのまゝ船を戻させ、元來鼻の曲つた上に、更に面目玉を踏み潰して匆々に逃げて返つた。

この金春澤は九雲夢を著した人で、朝鮮では有名な學者である。

慾深爺

黃海道の長淵郡龍井里は元から富んだ村ではあるが、その中に一人の財産家は慈悲も情もなくて、人々から疎外せられて居た。

或る日、人を使つて牛舍を掃除させて居ると、一人の僧が來て、

米でも金でも何でも好いから喜捨して下さい。

と云ふ。主人は何とも云はずに、棒の先に牛の糞を付けて差し出した。僧は別に腹立つた樣子も無く出て行つた。少し離れてこれを見て居た妻君が、米を一升盆に入れて來て、僧を呼んで、

今主人は酒に醉つて居るので、あんな無禮をしたのです、どうか許して下さい。私は女の事で力が無いから、どうする事も出來ません、せめてはこれをなりと佛に供へて下さい。

とて主人の無禮を詫びた。僧は、

私は天僧である、上帝の命を受けてこの家の主人の樣子を見に來たのだ。お前は實に心掛のよい者である、明日はこの家を全滅させるから、お前は正午前に本家を顧みないで、一里外の處まで出て居なさい。

と云つたかと思ふと、僧の姿は見えなくなつた。妻君は驚いて家に歸つて、翌日は早朝に一里外の佛泰山に登ると、風雨共に烈しく電は空を燒き、雷は山河を搖るほど鳴り響いた。その中に天地の崩れる樣な音がしたから、妻君は一寸自分の家の方を見た。すると、そのまゝ石になつて仕舞つた。その石は今も殘つて居る、そして其の屋敷は深い淵となつた。

名醫の療法

成川郡に李景夏といふ名高い醫者があつた。朝鮮中でこの人の名を知らない者はない。この人は診察しても藥は容易に使はない。今日の言葉で云へば「精神的療法」で大抵全治させた。

或る時、隣家の娘が痙攣を起して診察を乞うて來た。景夏は、

近頃は忙しいから、明朝早く內衣を着ずに、裳ばかり着けて來なさい。

と云ふ。その娘は云はれた通りに翌朝行くと、景夏は娘を奧の部屋に通して置いて、自分は長い烟管を持つて入り、物をも云はずに娘の裳を烟管で搴げやうとした。娘は驚くまい事か、大聲を揚げて兩手で裳を下した。景夏が云ふに、

あなたの病氣は全く癒つた。

腹上の書堂

昔、朝鮮から年々支那へ貢物を納めた時代があつた。使者は大抵は船で黄海を横切つたのであるが、處々に院といふものを造つて置いて、使者が停留慰勞する所とした。

或る時、献貢の使者が急病に罹り、龍岡の土石面甑里の院で死んだから、その屍體は村の後山に埋めた。處が、年移り星變つて、その墓の上に書堂を建てた。それからといふものは其の書堂に鬼神が出るといふ噂が立つた、それればかりではなく、その書堂の先生が亡くなる。別の先生が來ると、その先生も間も無く亡くなる。かうして何人かの先生が亡くなるので、後には先生になつて往く人が無くなつた。その時、或る老人が、

これは不思議な事があるものだ、何か鬼神の怒に觸れて居るに違ひ無い。とて、書堂の柱に紙を貼つて、

吾今鬼神に告ぐ、何の不平あつて書堂の師を殺すのか、その理由あらばこの紙に書き記せ。

と書いて置いた。すると、その紙に朱にて明瞭に、

余は先年この院にて死んだ使者である。汝等我が腹上に書堂を建て、常に喧騷し、或は水を流し、或は火を焚く、我が苦痛を知らないのか。

と書いてあつた。そこで直に書堂を他に移し其處には社殿を建てゝ祀つた。今は別に祈る人も無いが、先年迄は村の人々の病氣平癒を祈る時、白紙を出して置くと、その治療法を書いてくれた。

天下大將軍

天下大將軍……（一五三）

昔某といふ王様の時に、大臣張某といふものがあつた。一時の權勢は飛ぶ鳥を墜す程であつたが、佞人どもの讒言で、官位を失つたから、都住居も出來ず、田舍に引込んで居た。慣れぬ荒仕事に侘しく暮したが、泣面に蜂とやら、其の身の病氣に苦しむ間に、妻は一寸した病が因で死んだから、只一人の娘を相手に細い煙を立て、天運の循り來るのを待つて居た。

その中に娘は段々年頃になつたが、天の作せる麗質は、其の心のやさしく賢きに一層人の目を惹いた。然るに、如何なる前世の宿緣にや、この父は現在のわが娘の容色に思を寄せて獨り心を苦しめて居た。さりとて又この事を口に出す事も出來ず、常に悒いでばかり居たが、遂には病の床に打ち臥す樣になつた。娘は大層心配して、出來るだけの手を盡したが、少しも効が無いかくて今は賴み少なになつた時、思ひ切つて娘に譯を話した。娘は一度は驚いたが、父上の命には替へられないから、お心に從ひませう。然し、人としてかゝる淺ましい事は出來ませんから、父上には床下の土を潛つて、三度犬の吠く聲をして下さい。

と云つた、父は迷つて居るから、思慮分別もなく、娘の云ふ通りにした。

さて翌日其の家の裏の大木の枝に、この可憐な娘の死骸はぶら下つて居た。

其の後この父の病は癒え、無實の罪も晴れて、再び前の官職に上つたが何故か其の冠には頂に霜の降りかゝるばかりで無く、其の緣には犬の毛が夥しく附いて居たので、王樣は之を聞ふと、傍に居た鬼谷先生といふ儒者が、事情を詳細に申上げたので、王樣は大いに怒つて、人倫を破つた大罪人として極刑に處したのみならず、世の見せしめとて、其の像を刻み、國中に建てた。今、朝鮮の村落に行くと、入口などに松丸太の上部に不恰好な人面を刻み、下に天下大將軍地下女將軍など書いたのを見るが、それである。

天下大將軍……(一五五)

今では道路の守護神、疫神秡として信ぜられて居る。

七佛寺

安州城の北、城壁の下に小さい寺が、歴史上有名な七佛寺である。

昔、隋の國から大兵を出して朝鮮を攻めて來た事がある。その時の朝鮮は弱くて、隋の兵は直ちに鴨綠江を渡つて進んで、平安南北道の境の清川江の向まで攻めて來た。けれども此の清川江の深いか淺いかが分らないで、躊躇して居ると、何處からか七人の僧が來て、袴も脫がず、平氣で川を渡つて安州に着いた。之を見た隋の兵は大喜びで、この川は深くは無い、渡るに困難な事は無い。といふと、大將は、

彼の僧の渡つた場所を通れ。

と下知した。

大軍は勢ひ込んで、一度に押寄せて後から〳〵と此の川に飛び込んだ。すると、どうして〳〵此の川は非常に深い。然も流の急な川である。前の兵は引返さうとはするが、岸には大將が進め〳〵と采配を振る、後の兵は前の兵の溺れるのも構はず、押して來る。どうすることも出來ず、皆、溺死して仕舞つた。

七人の僧は安州に着いたが、それから何處へ行つたか分らない。人々は、これは佛に違ひない。と云つて、江岸の丘の上に寺を建てた。之が佛寺である。

第三編 動植物之部

附、雜之部

狸

昔、平壤の南門通に法橋といふ橋があつた。其の側の牛肉店に每朝、何處のものか分らないが、一人の女が肉を買ひに來る。然るに、不思議にも、其の度每に肉が少しづゝ不足する。店の者は、

どうも變だ。

と云つて、疑は遂にその女にかゝつた。が、打付けに聞く譯にもいかないので、つひ其の儘になつて居たが、ある朝店の小僧が、その後を尾けて行くと店を出て直ぐ法橋の袂で見失つて仕舞つた。

ハテ不思議な事もあるものだ。今まで居た人が何處へ行つたのだらう。

狸……………………（一五九）

と、その近所を尋ねたが、とう〳〵見當らない。仕方なく歸つて來た。その翌朝も亦來た。小僧は又尾けて行くと、又昨日の通に法橋の袂で消えて終つた。

いよ〳〵可怪しいぞ。

とて、匆々に歸つて來てこの話をすると、主人は、

明朝來たら、必ず取捕へてやらう。

と手ぐすね引いて待つて居た。

女は例の通やつて來た。主人が、肉を渡さうとすると、女は手を出したので、その手を確と捕へて、持つて居た肉切庖刀を鼻の先へ突き付けた。女は不意に驚いて、忽ち、大狸になつて逃げ出さうとして、藻掻いたが、主人はなか〳〵放さない。遂に肉切庖刀で刺されて仕舞つた。

禹山堂

平安北道龜城郡の龍淵面に、禹山堂といふ人があつた。非常に親孝行な人で、父母の死んだ後、墓側に侍して、三年の喪に服した。虎がその孝行に感じて、その間いつも來て番をして居てくれた。

或る夜どうした事か、その虎が來ない。禹山堂は心配して、夜中眠らないで待つて居た。その中に虎が來たが、打萎れて首を垂れて居るから、

どうかしたのか。

と聞くと、

私は今寧邊郡武昌山の上で穽に陷ちて居る。夜が明けると村の人が大勢來て私を見出すに違ひない。見出されたが最後、私は助かる道は無い。これから後はあなたの側に來る事も出來ないから一寸お別れに來たのです、

御機嫌よく入らつしやい。とてスーッと出て行くから、禹山堂は聲をかけて呼び戻さうとすると、これは夢であつた。何時の間にか眠つたのである。

禹山堂はこれは、必ず夢知らせといふものであらう、兎も角武昌山へ行つて見やう。とて、直ちに出かけた。山に着くと、人々は銃を肩にし、槍を手にしたりして、大勢集つて居る。禹山堂は走り寄りて大聲を揚げて、

その虎は殺してはいけない、それは私の虎だ、殺さないで下さい。

と叫んだ。人々はふり返つて、不思議に思つて居る。その中、禹山堂は恐れる樣子も無く、穴から虎を引出したから、虎は禮を述べる樣子をして、尾を振り涙を零した。

この事が分つて、禹山堂の孝行は國王にも聞えて、澤山の褒美を頂いた。

一說に、

この事は禹山堂では無く、熙川郡眞面香山谷の康某の事で、虎の穽に陷ちたのは寧遠郡の大成洞だといふ。何れが眞なるか分らぬ。

車氏の先祖

咸從の車氏の先祖は醫者であつた。その先祖が何處へか診察に行つて歸る途中、山を越えると、大きな虎が道に臥て居る。そこで虎を叱つて、汝は山中の豪傑でありながら、何故にこゝに來て我が行く道を妨ぐるのかとて、虎に構はず、通り拔けやうとすると、虎は又、前に回り、何か賴みたいといふ樣子である。

汝はおれを食ひ殺す積りか、さもなくば、何か外に用事でもあるのか。と云ふと、虎は首肯いて、その前に伏して、早く乘れ、といふ樣な風をする思ひ切つてその背に跨ると、一目散に走り出して大きな岩窟の前に下した。

その時、中から雌虎が出て來て、大きい口を開いて見せる、咽に大きい金の釵が挿さつて居る。これは女を食つたに相違無い。手を入れて之を取り除いてやると、虎は頭を振つたり尾を搖したりしてお禮を云ふ樣子。それから雄虎が來て、又背を出すので、之に乘ると、元の道に連れて來てくれた。

或る日又來て、背を出すので、之に乘ると、山の中に入り、大きな岩の上に下し、その附近を嗅いで前足で地を堀る眞似をする。これは墓所を敎へてくれるのだと思つて、早速家に還り、祖父の墓を其處へ移した。

車氏はそれから月に年に富み榮え、子孫も殖ゑて咸從で屈指のものとなつた。その墓所は黃海道の九月山に今も殘つて居る。

これから車氏の一族は今に虎の害を受けたものは無い。

姙み虎

李朝英宗王の時に、虎が盛に繁殖して、其の害も亦甚しかつた。それ故京城の西大門外の義州街道の坂の邊などは、晝でも一人や二人では通れなかつた。王は、どうかして虎の害を除かうとして、其の策を募つた。その時姜觀察といふ人が、

虎の退治には、虎の首領を召んで、それに退去を命ずるに限ります。

と申上げた。王は、

そんな事は出來まい。

と云ふと、姜觀察は、

私は必ず退去を命じます。

と答へた。

この姜といふ人には不思議な話がある。姜の父が或る日山の中を通ると、一人の美しい女が來て、「妻にしてくれ」と云ふ。姜は見ず知らずの女だから

一度は斷つて見たか、餘りに望むので遂に夫婦になつた。その間に出來たのが姜觀察である。その美人といふのは、實は虎の化身であつたから、間も無く子の行末を賴んで、山の中へ行つて仕舞つた。

王は疑ひながらも、之を許した處が、姜は忽ち一人の僧を連れて來て、

王樣の言ひ付けであるから、お前等一族には甚だ氣の毒ではあるが、この朝鮮を引拂つて貰ひたい。

と談判した。すると、僧は、

それでは、何處まで行つたらよいか。

と問ふので、

鴨綠江の外まで。

と命じた。僧は快く承諾したが、暫らく小首を傾けて考へて、姜に向つて、

玆に一つ困つた事がある。今一匹の娠み虎が臨月であるから、到底そんな

遠くまで歩行く事は出來ない。これだけは殘して置きたいがどうか。と云ひ出した。王は傍から、

一匹位は殘つて居ても宜しい。

と云ふと、僧は忽ち一匹の大虎と變じて、眷屬を引連れて、支那地に去つて行つた。それから暫らくは虎の害が無かつたが、只一匹殘して置いた娠み虎から、又段々繁殖して、今日の樣になつたのだといふ。

猫

平壤の高等普通學校は萬壽台に在つて、平壤府も大同江も、其の他四方一目に見渡す景色の好い所にある。その校舍の東に大きい運動場があり。運動場の南側に一本の梨樹がある。毎年花は盛に咲いて、春先には白雪の積つた樣であるが、少しも實を結ばない。

今から十數年以前に、一人の子供が一匹の猫を追ひ回して、とう〳〵この花の咲いた梨の木に追ひ詰めて打ち殺して、之をこの梨の枝に掛けて置いた。この年は澤山の實が結つたので、この子は第一に熟否を試みる爲に、樹に上つて大きなのを一つ採つて直ぐに口にした。すると、その子は忽ち樹から落ちて死んだ。死ぬと同時に樹に結つた梨の實は、ばら〳〵と落ちてその子を埋めて仕舞つたさうだ。

それからは年々花は咲くが、實は結ばないのだ。

狐

今より百五六十年ばかり前に、永柔に金晋盖といふ人があつた。家は貧しくて、鹽賣をして居た。ある日、田舍に商ひして歸ると、途中で日が暮れて三日月が細く山の端に懸つて居る。すると、突然に一人の女が來て、あなたは何處までお歸りですか。
と云ふ。
私は永柔まで歸ります、
すると、女はさも嬉しさうに。
それは丁度よい仕合せでございます。どうか御迷惑でも私を一緒に連れて行つてくださいませんか。如何でございませう。
晋蓋は、
宜しうございます。私も山道を一人で歩くよりも、連があれば結構です。
……あなたはお疲れでせう。この馬にお乘りなさい、馬には荷がありませんから御遠慮は要りません。
といふと、女は斷つて、
有り難うございますが、私は少しも疲れては居りません。

といふのを晋蓋は無理に馬に乗せて、縄荒で荷鞍に括し付けて仕舞つた。女は何や彼やといふが、晋蓋は一切構はず、ズン／＼馬を牽いて家に歸つた。家に歸ると直ぐに子供等を呼んで、

早くこの女を殺せ。

と命ずる。子供等は何の事やら少しも分らないから、驚いてボンヤリと立つて居る。晋蓋はもどかしく思つて、家に入つて棒を探して來た。この時子供等は馬上の女の縄を解いて、下してゐる處であつた。晋蓋が棒をふり上げた時は、女は狐になつて、大きい尾を振りながら、後を顧みつゝ逃げて行つた。

巫女

平原郡鷺池面の或る家に病人があつて、巫女を頼んだ。すると、狐が途中

でその巫女を殺して其の頭蓋骨を冠つて巫女に化けて、病人の家へ行つた。何と行つても狐の事であるから、祈禱の出來る筈はない。只踊る樣な事ばかりして、時々は、

永柔面の金晋蓋に知れるな／＼。

といふ。家の人々は、不思議な巫女だと思つたが、そのするまゝに任せて置いた。

この時丁度金晋が、用事があつてこの家に來た。すると、この有樣であるので、内々に主人を呼んで、

あれは巫女ではありません、實は古い狐が化けたのです。早く殺さないとどんな事をするか分りません。

と云つて、主人と共に溫突の敷石を取つて窓を塞ぎ、棉の種子を燻べた。人人は夜着や布團で烟を防いだが、狐はとう／＼死んで仕舞つた。

狐の婿

皇紀一六七〇一一六九一

高麗の顯宗の時に、姜邯賛といふ人があつた。この人が七歳の時に、父は他の結婚式に招かれて行くことになつた。邯賛も一緒に行きたいと願つたので、父は之を許して連れて行つた。

式はなか〳〵立派なもので、親族朋友から、近隣の者も大勢列席して、婿殿の乘込むのを待つて居る。その時邯賛は、

今日この家では大變な事が出來る。

と云ふ。人々は、

今日は目出度い日だ、大變な事とはどんな事か。

と云ふと、

今來る婿殿は人では無く、狐が人に化けて來るのだ。それだから來たなら

皆で之れを縛つたが好い。

邯賛は少しも疑ふ様子もなく、かう云つた。人々は信僞は分らないから、兎に角不思議な事を云ふ子供だと思つて居た。その中に婿殿が着いた。どう見ても人に異ひは無い。人々は何とも思はないで、酒肴を出して祝ひの式をしやうとする。邯賛は「暫らく」と止めて云ふには、

あれは確に狐に違ひは無いから、皆で縛らなくてはいけない。

人々は信じない。そこで邯賛は自分で棒を持つて、婿殿を打ち据ゑやうとして往くと、婿殿は急に狼狽へ出したが、邯賛がその側に來るので落付いて居られず、俄に尾を出し、足を現はし狐の正體を見せて逃げ出した。結婚式はそれで中止となつたが、人々は異口同音に、

この兒は並の人では無い。

と感心した。それから成長するにつれて、其の名は天下に鳴り渡り、遂には

高麗の元帥となつたのである。

金色の猪

龍岡郡三和府金塘面の後山に、黄金色の猪が住んで居た。この猪がある時三和の府尹を捕へて自分の穴へ連れて行つた、併し殺して食ふでも無い。唯毎日自分の助手をさせて居るばかりだが、府尹は何時殺されるかと、安い心も無かつたのである。ある日、猪は、

府尹は何が一番恐ろしいか。

と問ふので、

私は餅が一番恐ろしい。

と答へた。府尹は又、

猪君は。

と問ふと、

おれは鹿の皮が一番恐ろしい。

と云ふ。翌日猪は、府尹が他處へ逃げて行かないやうに、穴の外に餅を澤山積んで置いた。府尹はそれを食べて腹の減る心配は無くなつたが、さて、このまゝに、何時までもこの穴に居るのは困る。何とかして逃げやうとしたが逃げる道が無い。何處にか鹿の皮は無いかと尋ねたが、穴の中にある筈もなし、と云つて、穴の外へ出る譯には行かない。ふと氣の付いたのは、自分の腰に下げて居る鍵に、僅ばかり付いて居るのが鹿の皮である。

これは助つた。

と獨言を云つて居る處へ、猪は、

頭の牛蝨を取つてくれ。

と云ふ。府尹は之を取りながら、窃に鹿の皮で猪の頭を撫でた處が、猪はとうく眠つて仕舞つた。府尹は大喜びで、穴の中に在つたいろくの寶物を持つて歸つて來た。

この猪の穴は、今でも冬になると、湯氣の樣なものが出る。

猿の騎兵

宣廟の時、日本の兵が全州から公州に進んで來て、その勢は竹を破る樣であつた。時に支那の援兵の邢玠は總督で遼東に居り、楊鎬は經理で十萬の兵を率ゐて平壤に居た。

或る日、楊鎬が練光亭で夕食をして居ると、斥候が、倭兵はますく北に向つて進んで來ます。と報告した。鎬は大に喜んで、箸を投げて起ち大砲を一つ打たせて、自分は馬に一鞭あてゝ南に向つて走り出した。

壬辰の亂の時なり

今の京城

それッ

といふので、騎兵がまづ後を追つて行くと、歩兵も又直ぐに續く。平壤から漢陽までは七百里もあるのに、鎬の一軍は一日二夜で到着した。そこで、直に、解生、擺貴、賽貴、楊登山の四人を大將として騎兵四千人に猿騎數百を交へて進ませた。この時猿は皆馬に騎り、鞭を持ち馬の尻を打ちながら日本軍の陣中に突撃した。驚いたのは日本軍である。一體日本には猿が居ない。今初めて猿を見たので、どうも人らしいが人で無い樣子、皆怪んで足を停めて呆然として眄て居る中に、猿は進んで馬から下りて、縱横無盡に走り回つた。日本兵は之を擒にしようと思ふが、猿は神出鬼沒容易に捕へられない。其の陣は少しく亂れた處を、解生等は急に騎兵を進めた、日本軍は、一本の矢も、一發の銃丸をも放つ事が出來ずに、大敗して南に走つた。伏屍千里の有樣で、目もあてられぬ程であつた。

不可説

高麗の末に不可説といふ獸があつた。形は猫に似て、その食物は、何でも食はないものはなく、熱した鐵まで食ふから、鐵砲で撃つ事も出來ず、人の家に入りては、鐵瓶、鍋、釜より、鍬、鎌、釘に至るまでも食つた。それが李朝になつて居なくなつた。餘り奇怪で、口にも云はれず、名も附けられないといふので、只「不可説」と名づけたのである。

一説に、

高麗の末に、ある未亡人が針仕事をして居ると、その前に一疋の蟲が來たそれに針を出すと、針の先を食ふ。面白がつて、毎日針を食はせると、段段大きくなり、大きい金屬の器具までも食ふ。それが遂には市中に出て、そこの家こゝの家の金物を食ふ、官廳でも捨てゝも置かれず、刀で刺さうとしても通らず、燒き殺さうとして火の中に入れて置いた處が、鐵の玉を燒いた樣に、火の玉になつて市中を走り回つた。それの行く所は皆火事が起つて松都（開城卽ち高麗の都）は遂に亡びたのである。これを「不可殺」と云つた。

烏

ある家に、母と兄と妹と暮して居た。

ある日兄は妹の婚禮の品を買はうとして、出て行つた。そのあとで、妹は急病で死んで仕舞つた、母は只一人その死骸を守つて、大層悲んで居る處へ兄は返つて來た。兄も勿論大いに力を落したが、さりとてどうすることも出來ないから形の如くに野邊の送葬をして、さて「買つて來た品は、思ひ出の種になるから、一層の事、燒いて仕舞ふ方がよからう」と相談して、裏の畑

で燃さうとすると、その隣の女が、赤い絹は私が貰ひたい。何もそんなに皆燃さなくても好いでせう。といふと、兄は腹を立て、、

この無情者が。

と云ひながら、燃えて居る火の中へ蹴込んで仕舞つた。その女の魂は烏になつたのである。それ故に、烏が家の回りで鳴けば、その家に不幸があるさうだ。

福蛇

梁允濟は平安北道熙川郡邑内面加羅之洞の生れで、凡百五十年前の人である。家は門閥を以て顯れて居たが、貧窮なることは顏回にも劣らなかつた。ある年凶荒に逢ひ、朝夕の糊口にも困つたが、食はずには居られないか

座首は郡守に次ぐ官なり

春夏の間借りたるものを秋二割乃至五割の利を附して返すものなり

ら、隣村の盧座首の宅に行つて、
米でも粟でも宜しいから、當利で借りたいがどうでせう。

と願つた。座首は、
何も貸すの借りるのといふ事は無い。

と云つて、召使に命じて、庭に積んである稗を一背負だけ與へた。允濟は非常に感謝して歸つた。

何か背中でゴツ〳〵音がするので、允濟は途中で下して見ると、蛇が一疋その中に居る。

これはうれしい。これは福蛇に違ひない。

と氣が付いたから、大事にして、元の通に包んで家に歸つた。そして蛇の居所を作り、月々吉日を定めてお祭りをした。

それから允濟の家は次第に富み榮え、一郡の第一の富豪となつた。それに引かへて、盧座首の家は何日の間にか衰運に向ひ、遂にその日の活計にも困る程になつた。

允濟は男子、女子も多く、幸福の日を送つたが、天壽を以て死んだ時、その蛇は家の周圍を回りながら、甚だ元氣が無かつたのを見て允濟の子等は、主人が死んで、お前も不安心に思ふだらう、これからは、我等兄弟姉妹の中で、お前の氣に合つた所へ行け。

と云つた。すると間もなく、雲山郡に嫁いだ第三女の家に移つた。その家では又大層喜んで、前と同じ樣に場所を定めてお祭もしたので、段々榮えて、今もその子孫は雲山郡の巨富となつて居る。

執念の蛇

今から二十年の昔、咸鏡北道の吉州郡に、金先達といふ人が居た。それに一人の娘があつて、容貌もよく、心だても優しく、田舎には珍しい程の女であつた。

蝶よ花よと育て、行く中に、最早十九歳となつたから、婿殿を探し始めたが「出すにも三年、貰ふにも三年」といふ諺の通り長し短しで、適當の者も無かつた。

ある夏の夜に、一天俄にかき曇り、雨が降り出したと共に雷が鳴り始め、電光は絶え間なく、實に物凄くなつて來た。そこの家も此處の家も皆戸を閉めて居る。この娘も布團を被つて寢て見たがなか／＼眠られない。その時、雷は益々強く、雨は篠をつく如くであるのに、窓の方でコト／＼と音がした。娘は恐々ながら頭を擡げて見ると、一匹の蛇が驀地に飛んで來て、娘の胴に巻き付いて、鎌首を上げて娘の頰を舐める。娘の驚きは非常で、大聲を上げて救ひを求めた。家内の者も誰彼と集つて來たが、皆その蛇の相形の恐

ろしさに、進んで手を出す者も無い。兩親は、

誰れか蛇を取り除けてやれ。

といふが、誰にもどうする事も出來ない。

娘は初めはけたゝましく叫んだが、暫らくして平常に復したばかりか、不思議にも蛇を恐れる樣子も無く、背を撫でゝ勞つて居る。それからは蛇も娘に馴れ、娘も蛇を愛し、食事の時など匙で食はせると、蛇は口を開いて大人しく食つて居る。然し、兩親は一時も早く蛇を落したいと思つて、種々の祈禱をしたり、醫者などに相談したが、祈禱も少しの効驗が無く、醫者も此の藥といふものも無いし、傳來の秘法も無いといふ。一家の哀みは全く外所に見る目も氣の毒な程であつた。

ある秋の夕に、此の村に何處から來たか、一人の老人が來た。鶴髮童顏、仙人といふのはこれではないかと思はれる人である。それが、この金先達の

家に來て私が蛇を退治してやらう。

一家の喜びは例ふるに物無く、この老人を案内して娘の室に入れた、老人はつくづく娘の樣子を見て、

これは亡魂が蛇となつて娘に執着して居るのである。

と云つて、その夜から、老人は一室に籠つて、針金と紙とで蛇を造り始めたその翌夜、老人はこれを窓の上に掛けて置くと、娘に絡つて居た蛇は忽ちこれを見出して、眞紅の舌を吐きながら、突進してこの針金の蛇と鬪つた。互に咬みつ絡みつして居たが、老人の蛇は針金で造つたのだから、幾ら鬪つても少しも害を受けないが、一方は血に塗れて死骸を窓下に横たへて仕舞つた老人は經を誦みながら、この蛇を葬つて、何處ともなく立去つた。

その後娘は良縁があつて、附近の兩班の嫁となり幾人かの子女の母となつ

て居る。その老人がどんな人で、何處へ行つたのかは、知る者が無かつた。

蛇の冠

咸鏡北道のある田舍に、貧乏の夫婦者が農業をして居た。貧乏こそして居たが、正直者の評判は近隣にも鳴り響いて、誰一人褒めない者は無かつた。

ある日夫は田圃に出て働いて居たが、今は正午にもなつたので、妻は心盡しの御馳走を拵へて、畔道を辿つて行くと、途中に清水の湧く所に出た。この清水は如何なる旱魃でも、水の涸れた事は無い。一群の木立は涼風を吹き起して、實に只通り過ぎる事の出來ない處である。妻は此處に暫し立ち止まつて汗を納れ、かたぐ、夫の喉を濕すべく鐵瓶にこの清水を汲まうとしてこゝに立寄つた。

少し涼んで居ると、生還つた樣になつたから、さア出かけやう。さぞ腹を減らして居るだらう。

と立上ると、水の彼方から一匹の小蛇が、チョロ〳〵と此方に向いて來る。何心なく見て居ると、足下に這つて來た。その時蛇の頭に何か光るものがある。蛇は又元の水を渡つて叢の中に入つたが、妻の足下には眞珠で飾つた様な、美しい小さい冠が落ちて居る。

これは珍しいものだ、拾つて行かう。

と、それを持つて夫の處に行き、泉のほとりの一伍一什を物語つた。夫は、それは何かの瑞相だらうから、その冠を大切にして置かう。

とて、これを寶物として丁寧に仕舞つて置いた。この後、この家は次第に富み榮えて、村内どころか、近隣の村にも肩を並べる者も無い程の分限者となつて、安樂にその日を送り、天壽を以て永眠した。その家は今はその夫婦の孫の代で、以前の如くに富み榮え、その冠もちやんと殘つて居るさうだ。

蛇酒

平安南道

孟山を柘めたのは葛といふ姓の人であつた。この人等の住んだ處は、葛哥島と云つたが、川が島の中を貫流して、一部は義城里に、他は巣鶴里となつて居る。

葛氏が葛哥島に全盛を極めた時、葛氏の一人が、婚姻の爲に、國禁を犯して、窃に酒を蘆田の中に醸つた。處が、一つの甕に、一匹の蛇が溺死したのを、葛氏は其のまゝにして置いた。婚禮の日になると、何處から來たか、一人の乞食が、

どうぞ酒を一杯飲ませて下さい。

といふと、

この裏の蘆田の中に酒甕が一つある。それはお前等の爲に置いたのだから

おれの病氣もこの通に衰弱しては、到底助かる見込は無い。一層のこと毒田の中へ行つて、

葛氏はかう叱つて、よい酒はなか／＼くれない。乞食はせん方なく、また蘆のは不屆な奴だ。

お前等の爲に蘆田の中に酒甕を置いたのに、それは飲まずに、こゝへ來る

乞食は又走り歸つて、元の通に賴んだ。

これでは飲む譯には行かない。

と傍へ寄ると、蛇が死んで居る。

これは有り難い、まづ一杯頂かう。

を銜いて來る。

乞食は喜んで、早速行つて見ると、そこには慥に大甕がある。酒の香は鼻

飲めるだけ飲め。

酒を飲んで、一思ひに死んだ方がよからう。と獨言をいひながら、その酒を腹一杯飲んで、そのまゝ其の場に倒れて死人の樣になつた。翌朝葛氏が出て、この樣子を見ると、乞食の鼻孔から小さい蛾が數の知れないほど飛び出した。乞食は暫らくして目をさましたが、見違へるほど血色もよく、氣分も爽かになつたのに引かへて、葛氏はそれから肺病を引受けて日々に瘦せ細り、遂にそれからそれへと傳染して、一族全滅して仕舞つた。その乞食は姓を朴といつて段々家も榮え、人も殖ゑ、今もその子孫は孟山四大姓の一つとなつて居る。

報恩と忘恩

昔、大同江に大水が出て沿岸は害を受けること甚しく、家も流れ、田畑も流れ、人も獸も流されるといふ騷ぎ、この時平壤に慈悲深いお爺さんが居たお爺さんは小舟を操つて、流れて來る人や獸を救ひに出て、骨身も惜まず働いた。そのうち日は暮れて水面も薄暗くなつた頃、獐が一匹流れて來た、老人は早速之を救つて舟に入れた。蛇が又流れて來た、これは餘り感心したものでは無いが、殺すも可哀さうだと思つて之も救つてやつた。すると一人の少年が木の株に取り付いて流れて來た。「これは大變だ」と思つて之を救ひ上げた。

さて舟を岸に着けて、獐と蛇とは放してやり、少年に、

お前は何處の者か。どんな身分か。

と問ふと、

私は家族が皆死んで、何處へも行く處がない。一層助けられないで、あの水で死んだ方がよかつた。

と云ふ。老人は氣の毒に思つて、

それでは自分に子が無いから、お前を養子にしやう。

とて、そのまゝ家に置く事にした。

ある日老人が家に居ると、獚が來て、老人の袖を咥へて、「一緒に來い」といふ樣子をする。老人は之に從つて出て行くと、ある山に行つて、岩かげを前足で掘るから、老人も共に掘ると、甕が出た。その中には金銀が一杯入れてある　それを持つて歸つた老人は忽ち大金持になつた。この養子は金持の息子といふので、人も大事にしてくれるし、自分も慢心が出て、金錢を湯水の如く遣ひ、品行も修まらず、遂には老人の云ふ事も聽かず、餘りに嚴しく云ふと、却つて老人に口答する程になつた。それが嵩じて、「一層の事財產を分けて別居したい」といふ考を起して、老人にその事を持ち出した。老人は餘りの事に呆れたが、

そんな事を聽く耳を持たない。

と彈ね付けた。

養子は老人が別居を承知しないので、今までの恩を忘れて、私の養父は前に惡い事をして、他から金を盗んで山に隱して置いて、それを持つて來た。

といふ事を役人に密告した。役人が老人を呼び出して調べると、老人は平氣なもので、
私は獐から金を貰つたのです。

役人はそんな事では承知しない「一體獐が金をくれる筈は無い」と思つて、兎に角老人を牢に入れる事にした。老人は無實の罪をかこちながら、「調べられたら明白になる事だ」と苦みを忍んで居た。

ある夜の事、突然大きな蛇が入つて來て、老人の腕を嚙んでそのまゝ出て行つた。老人の腕は忽ち毒の爲に腫れ上つて痛い事も甚しい。

老人は苦しんで、

自分の助けてやつたものは皆自分に害をするのだ。

と悲觀した。暫らく經つとその大蛇が草を咥へて嚙んだ傷口に押し付け、殘りの草は其處に置いて出て行つた。老人は「奇妙な蛇だ」と思つたが、その中に痛みも止まる、傷口も忽ち癒つた。

すると、外では何か大騷ぎをして居る。老人は前を通る人に、

何か出來たのか。

と訊くと、

今郡守の母が大蛇に咬まれて痛みが甚しく、忽ち毒が回つた樣だから多分助からないだらう。郡守樣は大心配をして居る。

と云ふ。老人は「さては自分の腕を嚙んだ蛇と同じものであらう。その蛇は確かに自分が助けてやつた蛇に違ひ無い」と思つて、

それならば私が直ちに癒して上げる。

と云ふと、その人は早速に郡守に話すと、

その老人を牢から出せ。

と命じて、母の傷を治療させた。老人は蛇の殘して置いた草で直ちに全快させた。

郡守の母は老人に禮を述べ、老人の身の上話を聞いて、その罪の無いばかりか、その慈悲深い心を賞し、多分の褒美を與へ、又、郡守に話して老人を放免し、却つて其の養子を罰したといふ。

雨蛙

雨蛙が雨の降る前に鳴くのは、何故だらう。

昔、一匹の雨蛙が、いつも親のいふ事を聽かず、何でも反對なことばかりして居た。山に行けといへば川に行き、東に行けといへば必ず西に行つた。

ある日その親は、今や死なうとする時、

俺も今度はとても生きられないと思ふ、もし死んだならば、死骸は河の岸に埋めてくれ。

と遺言した。

雨蛙は平常は親を何とも思はなかつたが、親が死んだとなると、親子の情で、悲しくて堪らない。

生きて居た時は、さん〴〵不孝をしたのだが、今更考へると誠に申譯が無い、せめては遺言だけでも守らう。

と云つて、丁寧に河の岸に埋めた。

親の方では、「河の岸に埋めてくれ」と云ふならば、あの天の釋めが、屹度山へ埋めてくれるだらうと思つたのであつた。

それから雨が降ると、雨蛙は、親の墓が流れはしまいか。と心配して鳴くのである。

大蝎（대갈）

高勾麗の國の境は勃海邊安市城までであつた。その頃は勃海の沿岸には鐵が無かつたので、釜を造ることが出來ない。そこで、大蝎といふ貝の殼を釜の代用として、食物を煮炊きしたものであつた。それで勃海邊の百姓は、鐵の釜の事を大蝎（대갈）と云つて居たが、後にはこの大蝎が訛つて大蝎而（대갈아）となり、又訛つて多蝎而（다갈아）となつて、高勾麗全國に傳つたのである。北部地方では、今でも釜（朝鮮語の釜は國語と同じく（가마である）の一名を多蝎而と云ふのである。

大　蝎……（一九七）

되루목되魚

宣祖王が亂を避けて宮邸を離れ、數日の間食事することも出來ず、義州まで逃げ延びた。時は陰曆四月初旬であつたが、穀物が無くて義州の人々は皆困り切つて居た。

そこの或る寡婦が、夜寢ずに心配して、何か差上げたいと考へた末、自分の畑の大麥の、乳熟期にも達せぬものを飯に炊き、목되を炒りて、恭しく奉呈した。王樣は幾日も食べないで居た處で、所謂「ひもじい時の不味いもの無し」で、實に天下の珍味と思はれた。

こんな甘いものは今まで食べた事は無いが、一體この魚は何といふのか。

と仰せられた。女は、

목되と申します。

第一編千度來を見よ

王様はその名の悪いのに驚いて、
今日からは銀魚と呼べ。

と命じた。

その内に亂も平らいで、王様は京城に還られたが、ある日、彼の목되の事を思ひ出されて、義州から、曩の女を呼び寄せて、料理を作らせて見たが、あれ程甘かつたものが、今日は又少しもお口に適はない。

これは銀魚ではない、矢張り목되と呼べ。

それから、この魚を되루목되と云つて居る。되루とは再の意味である。

烏賊の骨

はじめ烏賊の體には一本の骨も無かつた。烏賊は常にこれを悲んで居たが鰒が骨を百本持つて居るといふ事を聞いて、早速出かけて行つて、鰒君、君は體に百本も骨があるさうだ、それに僕は一本も無いのだ、何彼につけて甚だ困る事が多い。どうか少し僕に骨を分けてくれないか。と頼んだ。鰒はそれを聞いて、大層氣の毒に思つて、骨が無くては嘸困るだらう。それならば一本上げやう。一本でよいのか。

烏賊は大喜びで、

それはあり難い、イヤ一本で澤山です、どうか一本頂戴致したい。

それで烏賊には一本の骨があり、鰒には九十九本の骨がある。

鯉の子

朝鮮に魚といふ姓がある。

むかし、ある女が、河邊に行つて洗濯をして居ると鯉が尾を振りながら出て來て、その女の腰を打つて水に躍り込んだ。その女はそれから身ごもつて男の子を生んだ。

これが魚氏の先祖である。

蜘蛛と蜈蚣

昔、平壤の大同門には大きな蜘蛛が住み、その隣の錬光亭には蜈蚣が住んで居た。

今では平壤には、綾羅島に水源地を作り、乙密臺の配水地から市内に給水するが、その前は、毎日何百といふチゲクンが、大同江から水を汲み上げて家々に配るのであつた。その水汲人足が、皆大同門を通るから、蜘蛛はその噪がしいのに閉口して、隣の蜈蚣と住所を交換したいと思つた。

ある日蜘蛛が、錬光亭に行つて、

大同門は市中で一番高い立派な建物で、然も景色が大層宜しい。こんな好い處に自分が獨で、永く住んで居ては濟まない譯だから、暫らく君に大同門を讓らう。

と申込んだ。蜈蚣は早くから大同門の噪がしい事を知つて居たから、御好意は誠に有り難い。然し、自分の樣なものには、大同門の樣な立派な建物は勿體ない。それに又「住めば都」で、練光亭の樣な所でも永く住んで見ると離れにくいから。

と體よく斷つたので、蜘蛛はこれには困つた。大同門に歸つて又考へて見たが、どうしても練光亭の方が靜でよい。一層力づくで奪ひ取らうと思つて、その夜の中に練光亭を網で包んで、朝早くから、

蜈蚣出ろ〳〵。

と叫んだ。蜈蚣は見ると一面に網が張つてあるから、どうすることも出來ずとう〳〵居住を交換した。

痰病

朝鮮で最初に烟草を吸つたのは、李朝の金尚憲といふ人である。この人は痰を病んで居たが、この烟を吸ふと痰を破るといふ事を知つて、朝夕に之を愛用した。その事がいつしか朝廷に知れた。

王樣が、尚憲を召されて、

汝は草の烟を吸ふといふが、如何なる烟か。

と問はれた。尚憲は、

この草は元の南海中の呂宋國から持ち來りましたが、痰破（담븨）と呼びて痰を癒す効があると云ひますから、朝夕に用ゐて居ます。

と答へた。これから王樣を初め大臣以下にも及び、次第に全國に及んだのである。

山の神

人蔘は朝鮮の名物であるが、殊に山人蔘とて自然に山野に生ずる人蔘は、その價が高く、一本數十圓數百圓するものもある。

この山人蔘を不老草とも云ひ、朝鮮人は勿論、支那人が特に尊重して、不老の藥と思つて居る。大病の時などは金持は必ず之を飲ませるが、飲ませることの出來ないものは、藥種屋から、損料を出して借りて來て、死人の枕元に供へて置いて、人に見せる。人はこれを以て孝行とするのだといふ。さてその人蔘は葬式が濟むと藥種屋へ返すのである。それ程であるから、山人蔘は大抵支那人が買ひ取るが、昔は朝鮮では郡守や觀察使などがこれを取り上げたものださうだ。

山人蔘を採集するには、夏秋の間に山に入るのだが、山に入る前にまづ豚を殺して、至誠を籠めて山の神を祭り、善い夢を見ると、それから山に入つて其方此方を尋ねる。

今から三十年程前に、厚昌郡衙の小使に鄭喜詰といふ者があつた。年々多くの金を費して山の神を祭り、採集に出たが、少しも見付らない。據無く、採集を停めやうとしたが、思へば、年々山の神を祭つて無駄な金を使つたことが馬鹿々々しいと心に憤つて、山の神の所に行つて、

山の神よ、もし魂があるならばおれの云ふ事を聞け。おれは多年の間至誠を以て祭をしたのだ。然るに少しも願を聞いてくれないのはどういふ譯かそんな憫の無い神がどこにあるものか。

と罵つて、持つて居た杖で神木を敲いて歸つて來た。

すると、その夜の夢に、白髪の老人が現れて來て、

われは數千年の間この山に居るが、お前の様な亂暴者は見た事が無い。無

禮千萬の奴だ。然し、お前の元氣は面白い。明日は河山嶺の麓に來い。

鄭は翌日その場に行くと、大きな人蔘が三本と小さいのが澤山生えて居た。

鄭は山の神の祠に行つて、昨日の無禮を心から詫びたさうだ。

郡守

數十年以前に同じ厚昌郡廳の小使（軍奴）に崔某といふ者があつて、これも人蔘掘で家産を失つて仕舞つた。いろ〳〵考へた末に、ある日郡守の所に來て、

私は多年山人蔘を尋ねて居るが、少しも見當らず、それが爲に家産を失ひました。山の神も實に分らず屋です。どうか郡守樣から山の神に命令して、私の願を聞いてくれる樣にして下さい。

と云つた。郡守はこれを聞いて、

お前がいくらそんな事を云つて來ても、神樣に命令を出す事が出來るものか、考へて見ろ、おれは郡守だから人民は皆おれの云ふ事は聞くに相違無いが、神樣はおれの云ふ事は聞かないでは無いか。

處が、崔は承知しない。

イヤ〳〵郡守樣それは、私の考へとは大違ひです、人民が郡守樣の云ふ事を聞くのは云ふ迄も無い事ですが、例令山の神といふとも、この郡の中に居る以上は、郡守樣の命令を守らない筈はありません。この郡の内の事は郡守樣の思ひ通りにならない事は無いと思ひます。

郡守は笑ひながら、

分つた〳〵。お前の云ふ事はよく分つた。それでは早速これから命令を出さう。お前はおれと一緒に山へ行け。

とて崔を連れて山の神の祠に行つて、神木を削つて、山神よ、この崔の願を聞屆けられよ。若し然うで無ければ氣の毒ながら、この境內より立退を命ずる。

と掲示した。

その夜、崔の夢に、素服の美人が現はれて、

われは雲洞の仙女で、多年この地に住み慣れたのに、今日の掲示を見て大いに驚いた。お前がこれまで少しも採集の出來なかつたのは氣の毒な事であつた。明日は早く雲洞の洞口に行つて見よ。

と敎へた。崔はこゝで澤山の山人蔘を得て、大喜びに喜んで、早速郡守にその話をした。郡守も大層喜んだ。その夜また前夜の美人が現れて、

昨日の掲示は早く取り去つてくれ。われは永くこの山に居て、その好い景色を見なくてはならない。

と云つたさうだ。

厚昌郡にあり

葛と藤

昔、白頭山に一株の蔓草が生えた。成長するにつれて、一條は滿洲に、一條は朝鮮に延びたのである。

その滿洲に延びたのは藤になり、朝鮮に延びたのは葛になつた。それ故朝鮮には藤が無かつたさうだ。然し今では內地から持ち込んだのが其處此處にある。

車剪子草

加藤清正か朝鮮征伐をする前に、朝鮮內をそちこち經巡つて、樣子を見て歩行いた。その時自分の通行した處を知らせる爲に、元朝鮮に無かつた車剪子草の種子を蒔きながら行つたといふ。今日でもその草を見ると、その周遊した道筋が分るさうだ。

麥酒

ある人が、父の病氣を醫者に見て貰つて居たが、なか〳〵快くならない。すると、ある人が、その病氣には家傳の妙法があると聞いて、その家に訪ねて行くと、三人の頭腦を食べさせるなら、必ずよくなる。と云ふ。

その人は「一人の病氣を癒す爲に三人殺すといふ法は無い」と思つて、一旦は思ひ止つたが、父が日々に衰弱するのを見ては、悲しくて堪らないのでたうとう惡い事とは知りながら、三人の腦を取らうと決心した。

ある日顏を包み、棍棒を持つて、人里離れた山道に隱れて、人の來るのを待つて居た。間もなく兩班が一人やつて來た。それを少し通り越させて置いて、後から棍棒で一撃に打ち殺した。次に亂暴な男が、勢よく通りかゝる。次には狂人が狂ひながら來た。何れも不意打を喰はして殺して、その腦を取つて、屍體は谷間に埋め喜んで家に歸つて、早速父に食はせた。

その後屍體を埋めた所を通つて見ると、麥が生えて居る。その實を取つて來て酒を醸して飲んだ。處が、初は兩班らしく大人しく禮義も正しくして居るが、次には喧嘩口論もする。その次には狂人のやうになる。その人は獨で「ナル程と」感心した。

地に灸

慶尙北道尙州の西に火嶺があり、火嶺の西は忠西、報恩などで、東は仁洞、南は善山である。善山はよい處で、尙州に比べると、尤も清明穎秀である。故に朝鮮の諺に、「朝鮮人材半在ニ嶺南一嶺南人材半在ニ一善一」といふ程であつたが、壬辰の亂に、兵士が是處を通る時、術士が、外國に人材の多いのを忌んで、兵卒に命じて、邑後の脉を絶たせ、炭を澤山熾して灸を据ゑ、又大金釘を打ち込んで、其の氣を壓し付けた。之から人材が衰へたさうだ。

人柱

平安南道にあり

江西郡の東津面鳴鶴里の前面に、一つの堤防がある。

昔この堤防が屢々切れて、附近は年々水害を受ける。ある時村民が集つて之を修繕するに、小僧が一人此處を通り合せて、

この堤防はいくら築いても、決れない譯には行かぬ。若し、人柱を立て、その上に堤防を築くならば、決して決れる氣遣ひは無い。

と云つた。人々は、

それはよい事を聞いた。この様に度々決れては本當に困る。誰か人柱に立たないか。

と云つたが、「それでは私がなります」といふ者が無い。その時ある人が云ひ出した。

これは氣の毒ではあるが、衆人の爲であるから、その小僧さんを人柱に立てやう。

村の人々は皆これに賛成して、遂にその小僧を生埋めにして仕舞つた。

その後は、この堤防が切れた事は無い。

山上の蹄音

慶尚南道陜川にあり

海印寺の西北に伽倻峯といふのがある。この山は四方を削り立てた様で、上る事は出來ないが、然し、上には平坦な所があるらしく頂上は何時も雲が掛つて居る。其處の人々は、時々山上から音樂の聲を聞く事があり、海印寺の僧は、大霧中に山上の馬蹄の音を聞くことがあるさうだ。

練光亭の額

平壤の練光亭の東側に練光亭と題した額が掛けてある。これは車石峯の書いたのである。

ある時、新に赴任して來た監司は、この亭に遊びて、この額を見ると、光の字が一方に傾いて、どうも見苦しいし、他の字とても、餘り立派でもないので、

こんな額をこの亭に掛けては、不似合も甚しい。

と云つて、大同江に投げ込んで仕舞つた。

それが段々流れて陸路里あたりに流れて來た時、遊船に乘つて酒を飮んで居

た監司は、之を見ると、練光亭といふ三字が皆連りて、丁度江を横切る程大きく見えたので、驚いて、再び元の所へ掲げさせた。

一説に、朱之藩が朝鮮に來て練光亭に遊び、額を書いて「第一山」とした後に朝鮮のある人が一と山との間に、江の字を書き入れた。それが他の字よりも小さいので、監司が之を見て、之を江中に投げ入れさせた。するとその額は江を溯りて、江の字は段々大きく見えた。そこで監司は大に恐れて又元の通にして置いた。

石籠内の秘書

全羅北道の臨陂の西に沃溝といふ處がある。西海に臨みて自天臺があり、その麓は海に延びて居る。その上に二つの石籠がある。

新羅の時に、崔孤雲といふ人が大守となつて、此所に居た事がある。この人が、秘書を巨石の籠中に入れて置いた。其の後は、人々が之を明けない事にした。何故かといふに、若しこの石籠に觸つたならば、海上から暴風雨が來るといふのである。

そこで、旱魃の時などはこれを利用して、村の人が數百人で、大綱を付けて之を動かすのであるが、その度毎に靈驗があつた。

さてそれだけならばよいが、こんな奇特な石籠であるから、この村には、よく客が來て之を見る。立派な役人でも來ると、その度になか〳〵の費用が掛る。村の人はこれには實に閉口した。

そこには舊は亭があつたが、それは百年程前に取壞して、その序に石籠も埋めて仕舞つたので、今は迹もなくなつた。隨つて觀に行く人も無くなつたさうだ。

皇紀一四六一｜一四六九

八萬大藏經

新羅の哀莊王が死んで、冥官の前に出た時、

私は大藏經を飜刻したいと思つて居たのに、不意にこゝから召ばれたので

それが出來なくて甚だ殘念である。

と訴へた。すると閻羅大王も氣の毒になつて、

哀莊王を人間界に戻してやれ。

と命じたので、哀莊王は再び甦つた。

そこで、早速唐に入つて、八萬大藏經を購つて、舶載し、之を刻し、慶尙南道の陜川の海印寺に百二十間の閣を建てゝ、これを納れて置いた。彫板は總計八萬六千六百八十六枚あり、之を作るに十六年の歳月を費したさうだ。この海印寺附近を飛ぶ鳥は、皆この閣を避けてその死に止まるものが無い

壬辰の役にも、日本兵はこの附近にも攻めて來て、兵火なども度々あつたが、この海印寺は霧が鎖して居た爲に、一度も日本兵が來た事が無い。この板木が汗をかくと、外國の兵が攻めて來るといふ話である。

百世清風

黄海道の海州は昔から名高い都會で、名所古跡も多い中に、伯夷叔齊の廟は殊に名高いものである。廟は海州邑の東方にあつて、大木が多く茂り、風景が實に好い。その前に高さ三丈程の大きな石碑があり。百世清風の四字を刻してある。その字も大きいし、深くも刻してあるので、その字に米を入れると、五斗も要るといふ。

昔この碑を建てる時、朱熹の筆に成つた百世清風の四字を船に乘せて、黄海を渡つて來た。その途中で、風浪大いに起り、船は進行する事の出來ない

朱の國の人

のみか、將に沈沒しやうとした。その時、船の一人が、

この四字の中で、風の字は他の字よりも一層立派に見える。この風浪はこの字が原因を爲すものに相違無い。早くこの字を海に投げ込んだならば必ず浪も靜まるであらう。

他の者共は前後の考も無く、唯之に賛成したから、早速この風の字を海中に投げ込んだ。處が不思議にも、海上は直ちに平穩になつた。

それから海州に歸つて、首陽山の下に石碑を建てやうとすると、風の字が無い。これには一同困り切つたが、何處からか一人の童子が來て、

我は首陽山人といふ者だ。甚だ無學ではあるが風の字を我に書かせてくれとて、大きな文字を書いた。それが實に立派な文字であるので、人々は皆驚いて居たが、數時間經つと、その童兒は血を吐いて死んで仕舞つた。人々はこれを碑に刻したのである。

百世淸風……(二一九)

石碑の汗

伯夷叔齊は殷の人である、周の武王が、殷の紂王を征伐するのを諫めたが武王は遂に殷を滅した。それ故二人は首陽山に隠れて、蕨を採つて食つて、周の粟を食はなかつた。後の人は、この二人を義のある者として、首陽山の下に石碑を立てた。

ある時朝鮮の成三分といふ人が、其の石碑を見て、詩を作つてその頑迷を嘲つた。その詩は、

當時叩馬諫言非。忠義堂々日月輝。草木亦添周雨露。
愧君猶食首陽蕨

この時石碑が大汗をかいたさうだ。

眼病の藥

皇紀一三
一四一一
三二〇

慶州は新羅の舊都である。新羅の榮えてゐた時は、甚だ繁華な都會であつたが、今は破れた瓦や、礎の趾が徒に讀書の人に涙を濺がせるのみである。

英雄武烈王の陵は東向になつて居る。その前數十歩の處に有名な金仁問の書いた武烈王紀績碑があつたが、今は碑は何れにどうしたものか、其の影も無い。只その臺石たる螭首だけが殘つて、その背の碑を建てた處の穴には、いつも雨水が溜つて居る。この雨水は眼病の靈藥として、古昔から土地の人に珍重せられる。眼病の人はこの石の龜の前に跪坐して、まづ一禮し、さて龜背に攀ぢて、水を掬つて眼に塗るのである。全く効果があるといふが、どんなものかナ

給水場

ある貧乏な夫婦があつて、夫は善い性質であつたが、婦は慾深く、村中から惡まれて居た。

一日婦は夫に對して、

あなたの樣に一年中貧乏で、正月になつても餅も食べられない樣では、到底末の見込が無い。いくら本を讀んでも何の役にも立たない。どうか私に暇を下さい。私はあなたの樣な者と一生貧乏して居るのは眞平御免だ。

夫はこれを聞いて、

さう思ふならば仕方がない、自分が意氣地が無いのでお前に苦勞させるのは氣の毒だ。お前も何處かよい的があるなら結構な事だ。何時でもよいから行きなさい。

妻は喜んで、自分の手廻の品を持つて出て行つた。
夫は不自由を忍んで、尚も勉強して居たが、その學識が自然に天下に顯れて、領議政大臣に任ぜられ、一國の政事に携はることになつた。すると元の妻が之を聞いて、わざ〳〵京城へ尋ねて行つて、
どうか元の通にして下さい。私の心得違は幾重にもお詫致します。
と願つた。夫は水を鉢に盛つて、それを示して地に覆して、
この水が再び鉢に入れられるならば、元の通にしてやらう。
元の妻はこれを鉢に入れやうとしたが、どうしてそれが元の通にならう、そこで落膽して死んで仕舞つた。
生きて居る時は惡んだ人々も、死なれて見ると皆これを憐れみて、給水場といふものを設けてその水を補つてやる事にした。この給水場は、石を集めて稍々高くした處で、朝鮮の道を歩くと、時々之を見るのである。

又この給水場に病を祈ることもあるが、その時は唾を吐きかける。これは水を供へる意味である。田舍の子供等は草履の造り方を習ふ時、初に出來たのを給水場に納めて唾を吐いて歸つて來る。それで段々上手になるさうだ。

彌勒菩薩

平安南道の大同郡の南、兄弟山面擿葛里の西方約十町の處に、西祭山（一名祭眉山）といふ山がある。餘り高くも無く、大きくもないが、李朝のある王樣が、此の山の上で、天祭をしたといふので有名である。この山に金の精が居るが、それは普通の人の目には見えないのである。

今から二十餘年前には、この山の北の方に巫女の家があり、そこに彌勒菩薩を安置して置いた。この彌勒に祈れば、子を授け、財産を殖やしてくれるといふので、なかなか繁昌したものであつた。

その祈禱をするには、夜十一時頃、人に知れない樣に巫女の家に行き、菩薩に祈り、夜明にいまだ人の起きない前に歸るのである。これは、人に知られると効が無いと云ふ。又その期限は成功する迄幾日でも行ふのであつて、昔は隨分御利益があつたさうだが、今はその菩薩も無くなつて仕舞つた。

西廟

平壤の西廟は關羽を祀つた所である。所謂關公廟である。

昔この廟を建築する時、呂某といふ者、瓦を負ひて屋根に上つたが、不意に落ちて死んで仕舞つた。これは關公が呂蒙に殺されたから、その怨みで、呂姓の者を殺したのだとて、其後は呂姓の者は西廟に入る事は出來ないことになつた。

子授け石

平壤の牡丹臺の下の永明寺の東隣に、花崗石で四方を圍み、上は同じ笠石を覆ひ、その四方の石の內外に佛像を刻し、內には石の臺の上に一つの石佛を安置してある。その石佛は形ばかりで、首も無く何佛かよく分らない。餘程古いもので、或は永明寺が出來た頃からのものかも知れない。この石佛を一回り回ると、男の子が生れるといふので、子の無いものは、よくこゝに來て回る者がある。

高句麗の廣開王二年の創設（皇紀一〇五三）

第四編　童　話

二人の兄弟

平安北道

いつの頃かは知らないが、厚昌郡に二人の兄弟があつた。ある日、弟は山へ行つて薪を採つて居ると、上から胡桃の實が一つ落ちて來た。弟は、

これはよい物を拾つた。これを父上に上げたら嘸喜ぶだらう。

と云つて籠へ入れた。すると、又一つ落ちて來た。弟は、

これは母上に上げやう。

と云ふと、又一つ落ちて來た。

これは兄上に上げやう。

又一つ落ちた。

これは自分で食べやう。それから、家に歸らうとすると、急に雨が降つて來た。「これは困つた」と思つてあたりを見ると、古い家がある。これ幸ひと、其の家へ飛び込んだ。この家には人が住んで居ないが、二階で化物が集つて、金の棒や銀の棒を持つて遊んで居る。弟はちと驚いたが、今更逃げる譯にも行かないから、小さくなつて居たが、空腹になつたので自分の分の胡桃を出してそれを嚙むと、その音が大きくて、家に鳴り響いた。化物共は不意に大きな音がして家が搖り動くので、大變に周章て、

この家は古いから、こんな大地震では倒れるだらう。

とて目を圓くして皆逃げて行つた。弟は「これは甘い」と獨り喜んで、その場に殘つて居た金銀の棒を掻き集めて出やうとすると、其處に一枚の板に、

前大臣元某之女某將使發病

とあつた。弟はそれを見て家に歸り、金銀を兩分して、その一分を兄に貽り直ちに元大臣の家に行つて事情を話して、その病を豫防したから、大臣は大喜びで

これは娘の命の親だ。

とて早速娘の婿にした。

兄はこれを見て慾心を起し、弟から分けて貰つただけでは滿足せず、弟の行つた山へ行つて、弟と同じ樣に薪を採つて居た。すると、前の通り胡桃の木から實が一つ落ちて來た。兄は、

これは自分のものにしやう

とて懷に入れた。それから後の分は父や母や弟の分と云つて歸ると、「雨は降らないが、兎に角この古家へ入らう」とて、その家に入ると、化物共はこの

日も大勢集つて居る。「こゝだ」と思つて胡桃を嚙むと、矢張り大きな音がして古家は搖り動いた。すると、化物共は、

この間來て棒を盜んで行つた奴が又來た。今度は其の手は食はないぞ。

とて、大勢出て來た。兄は逃げやうとしたが、逃げられない。化物共は兄を捕へて打ち殺した。

不孝息子

昔、朝鮮のある田舍に親不孝な男があつた。その母は早く死んで、父と自分と自分の子と三人で暮して居たが、年老いた父は仕事も出來ないのをいつも厄介扱ひにして、

こんな役にも立たない者は早く死んが方がよい、と云つて殺す譯にも行かず、困つたものだ。

と何時も云つて居た。

ある日、自分の子を呼んで、

家の爺さんは年をとつて仕事も出來ないから、これから奥山へ捨てゝ來るのだ、お前は彼の悪い擔梯を持つて來い。

と云ふと、子供は何にも云はずに、その擔梯を持つて來た。そこでこの老人を無理無體に括り付けて、二人で山に向つて行つた。

子供は途中も何とも云はずに行つたが、愈々山に着いて、擔梯から下して木の根の處に置いて歸らうとすると、その子は擔梯を持つて來る。

その擔梯はもう要らないから捨てゝも好い。

といふと、子供は、

この擔梯は又入用がある、お父さんが段々年を取つて仕事が出來なくなつたら、その時はこの擔梯で運んで來なければならない。

不孝息子……(二三二)

流石の不孝者も、この一言には全く閉口した。そこで今度は自分の背に父親を背負つて、自分の家に歸つた。それから後には人々に褒められる程の孝行者になつた。

慾張り男

ある村に氣の強い男が一人居た。それが貧乏したので、何か金儲をしたいものだと考へて、妻君に向つて、

明日は荏油と金棒とを用意してくれ。

と頼んだ。

翌日はこれを持つて山の中に行き、日當のよい岩の上で、荏の油を全身に塗り、金棒を側に置いて臥て居た。虎はこれを見て、

甘い晝食が食へる。

と思つて集つて來た、そして、そろ〳〵側に寄つて頭を出すと、出し拔けに金棒で頭を叩いた。虎は不意を喰つて岩から轉げ落ちて死んで仕舞つた。

その男は、その虎を擔つて家に歸つて來ると、村中の人が皆其の度胸のよいのを褒めた。

この村に一人の慾張り男があつた。この事を聞いて、

それ位の事は誰にでも出來る。

と云つて、その岩に行つて臥て居た。すると又、虎が集つて來た。虎は相談をして、

又あそこに例の人間が來て居る。今度は氣を付けて打たれない樣にしろ。

と云つてなか〳〵寄つて來ない。が、そこを去りもしない。その男は不圖氣が付くと、金の棒を持つて來るのを忘れて、自分は只岩の上に臥て居る。「これは大變だ」と思つたから、虎の寄り付かないのを幸ひに一目散に逃げ出し

た。虎は逃げる者は必ず追ふものだから、後から一躍に飛び付いて、その人の肩を咬んで引倒し、大勢の虎は旨い御馳走にあり付いた。

漢語遣ひ

昔、山奥に、自分の獨娘の爲に婿を入れた農夫があつた。この婿は矢鱈に漢語を遣つて得意になつて居る。

ある日の夕暮に、虎が來て舅を啣へて行つた。婿は大聲を出して叫んだ。

南山白虎 北山來後壁破之 舅捕捉去之 故有銃者持銃 來有 槍者持槍來 有弓矢 者持弓矢 來 無銃無槍無 弓矢 者持杖來

村人は皆、

あいつが又分らない事を云つて居る大馬鹿者めが。

と云つて、誰も出合ふ者が無い。婿は大いに立腹して、盛に村の人の無情を

攻撃して之を郡守に訴へた。郡守は捨てゝも置けないから、村の重立つた者を呼んで、之を詰ると、その人々は異口同音に、

彼は矢鱈に漢語を遣ひますから、我々には何を云ふのか少しも分らないのです。

と答へた。郡守はそれでは、「出て助けないのも無理は無い」と思つて、婿にその譯を云つて聞かせた上に、

お前は漢語を遣つたのだらう。それが全體わるいのだ。これからは漢語を使ふな。

と命じた。婿は仕方なく、

實用漢語願容恕而已

と云ふ。郡守は、

まだ漢語を用ゐるか。

漢語遣ひ……（二三五）

とて役人に命じて笞で打たせた。すると、

今後決不用漢語

と云ひ出した。郡守もたうとう笑つて許して仕舞つた。

愚兄賢弟

二人の兄弟があつて、母一人を養つて居た。その母が病氣になつたので、弟は醫者よ藥よと狂人の樣になつて心配したが、兄はさ程にも思つて居ない樣子で、毎日ぶら〳〵遊んで居た。母は、弟の看病も水の泡で、遂に彼の世の人となつたから弟は丁寧に葬式をしたが、兄は涙一つ落さなかつた。

葬式の後三日目に墓に行くと、可愛らしい犬の子が、墓の側に居たから、それを連れて家へ歸つて大切に之を育てた。すると、この犬がよく弟に馴れて、弟の云ふ事は何でも聞き分ける樣になつた。

ある日弟は畑に種子を蒔かうとすると、その犬も一緒に尾いて來て、種蒔の手傳をする。その時織物商人がその側を通りかゝると、犬は何と思つたか頻りに吠えかゝつた。商人は腹を立て、石を拾つて犬に打ち付け様とする。弟は周章て、之を止めたが、商人はなか／＼承知しない。弟は、

この犬は自分の大事な犬で、いろ／＼仕事の手傳をしてくれるのだから、どうか石を投げないで下さい。

商人は聞き咎めて、

何、犬が仕事の手傳をする。箆棒め、そんな馬鹿を云ふな。無闇に通行人に吠える様な犬はぶち殺してやる。

なか／＼權幕が强い。

イヤ本當です。今も種蒔の手傳をして居るところですから、どうぞ許してください。

商人は益々怒つた。

まだそんな事で胡麻化さうとするか、どうして犬が仕事をする。

弟も少し膽が熬れて來た。

今こゝで仕事をしたらどうする。

商人は、

仕事をしたらこの織物を皆お前に遣る。その代り、若し仕事が出來なかつたらどうする。

弟は平氣で答へた。

仕事をしなかつたらこの畑と、そこに居る牛をお前に遣らう。

相談は忽ち決つた。弟はその犬に仕事を命ずると、云はれるまゝに何事もよく聞き分ける。

商人はたうとう織物を全部渡すことゝなつた、弟はそれから段々富有の身にとなつた。

兄はこの事を聞いて、弟の所へその犬を借りに來た。弟は快くそれを貸してやつた。

翌日兄は何日になく早く起きて、犬を連れて種蒔に行つた。すると、正午頃に又織物商人が來たから、犬をけしかけると、犬は吠え出した。それから曩に弟の云つた通の順序で、又賭をする事になつた。さて犬に仕事を命ずると、どうした譯か犬は少しも仕事をしない。それ故、たうとう牛も畑も取られて仕舞つた。兄はこの爲に大損をしたと云つて、可哀さうにもその犬を打ち殺して、弟にその譯を話した。弟は泣きながら死骸を持ち返り、庭に埋めて、その上に一本の竹を植ゑた。それが段々大きくなつて、遂に天まで屆き天の庫を貫いたから寶物が雨の樣に落ちて、弟は天下一の金滿家となつた。

兄は又この事を聞いて、その死骸を掘り出して自分の庭に埋め、その上に同じく竹を植ゑた。その竹が大きくなつて、遂に天まで屆いたが、生憎天の便所を貫いたので、糞尿が澤山降つて來てその家を埋めたから、兄はそれで死んで仕舞つた。

嫁と姑

ある家の嫁が、姑を惡むことが非常であつた。早く死ねばよいが、あの血色ではなか〳〵死にさうにもない、困つたものだ。とコボして居る。と、隣に氣の利いたお婆さんがあつて、ある日この嫁との、茶飲話に、

あなたの處の姑さんは、世間では意地の惡いといふ評判が大變ですよ。そんな姑さんと一緒に暮して、朝に晩に機嫌を取つて行くのは、大抵な事ではありませんね。

嫁は味方が出來たと思つて、大得意で、
本當に私も行屆かないのですけれども、內の姑のやうな人はありませんよ
年が年中閻魔大王が抹香を嘗めた樣な顏をして、座敷を睨んで居るのです
もの、いやになつて仕舞ひますわ。
お婆さんも盛に相槌を打つ。
お氣の毒ですね。姑さんが亡くならない中はあなたは樂が出來ませんね。
だが、あの血色ですもの、五年や八年の中には死にさうもありませんね。
嫁は悲觀した樣に、
私のやうな運の悪い者はありません。仕方が無いから諦めて居ます。
お婆さんは慰めた。
そんなに諦めなくてもよいのですよ。これは實は內々の事ですが、大きな
栗をよく煮て、午前十時頃と午後の三四時頃とに姑さんの腹の減いて居る

嫁　と　姑……（二四一）

頃を見計つて、食べるだけ食べさせると、早く死ぬさうですから、それを内々やつて見てはどうですか。

と敎へた。嫁は喜んで、

それは造作も無い事です、それで甘く行くなら本當に結構です。

それからは敎へられた通り、毎日栗を煮て姑に食はせた。

さうすると、幾日も經たない中に、姑は隣近所へ行つて嫁を譽め出した。

内の嫁は本當にやさしい女です。これまで惡く思つたが、それは皆私が惡かつたのです。

と嫁の自慢をする樣になつた。

嫁の方でも、前とは打つて變つて、

これまで姑を惡んだのは、誠に濟まない事だつた。内の姑程よく面倒見てくれる者は世間にあるまい。早く死ねばよいなどゝ思つたのは、とんでもない事だ。罰が當る。

と云ふ樣になつた。

隣のお婆さんは、この樣子を見て、一人ではゝゐんだ。

馬鹿婿

ある田舍ものが、娘に婿をとつた。

この婿は山家育で、不斷碌なものを食はないが、婿になる事だから相應の身仕度をして、媒人に連れられてやつて來た。田舍とはいひながら娘の家ではいろ〳〵の御馳走を作つて、婿殿の來るのを待つて居る。

婿殿は珍しい御馳走を腹一杯食つて、非常に喜んだ。いくら食つても食ひたいと思ふが、なか〳〵そんなに、腹が云ふ事を聽かない。仕方がないから、好い加減にして置いた。

夜になつて少し腹が減いたので、妻に向つて、

「御馳走の殘があるだらうから、此處へ持つて來い。

と命じた。妻君はこれを聽いて、獨でつく〴〵考へた。

これは飛んでもない者が來たものだ、父は何だつてこんな人を山の中から拾つて來たのだらう。

いくら夫の命令でも、餘りに馬鹿々々しいので何とも返事をしないで居ると怺へられなくて自身で出かけて行つて、臺所を探すといろ〳〵の御馳走の殘がある。それも食べ、これも食べて見た後、小さい壺を見付けた。

これは何だらう。

と云ふより早く手を入れた。一握り握つて出さうとすると、サア大變、どうしても手が拔けない、拔かうとすれば手が痛い。壺をぶら下げた儘出て來て石にでも打ち付けて砕かうとする。時は夏の月夜で、軒下に眠つて居る舅の

頭が禿たのに月の光が映つて石のやうに見えた。これで壺を砕かうと思つてシタタカ打付けたから堪らない。舅は驚いて、前後も知らず逃げ出すと、生憎柱に打つた釘に着物が引つかゝつた。

ヤレ助けてくれ、命だけは助けてくれ。

これを見た婿殿は一目散に自分の家まで逃げて行つた。家の者は驚いて、

今頃何だつて歸つて來たのか。

と云ふと、

昨夜この壺の中の菓子を取らうと思つたら、この通り喰ひつ付いて、どうしても取れない、仕方が無いから家へ歸つて鐵槌で砕かうと思つて來た。

親も同情して、

それは困つたものだ。それでは早速砕いて見ろ。

壺はガシャツと砕けた。すると婿殿の手には菓子を確と握つて居た。

養子

昔、京城のある大臣が、子が無いので養子を尋ねたが、なか〳〵思ふ樣なものが無い。そこで親ら國々を廻つて養子を見出す事となつた。其の評判が全羅南北道に廣まつて、子を持つた人々は皆心待に待つて居た。大臣は、ある地に到着して、子供等を集めて見た。子供等は、大臣を恐れて、皆小さくなつて居た。その中に一人の汚い衣服を着て、大臣を憚る樣子も無く、惡戲をして、並んで居る子供の髮を引いたり、足を蹴つたりするのがあつた。大臣は早くもこれに目を付けて父母に相談して之れを養子として京城へ連れて來て、學問をさせたが、少しも勉强などはしない。矢張り惡戲ばかりして居る。大臣は大いに困つたが、ある日面倒な事を命じて、一日家に置いてやらうと思つて、「一斗の米が幾粒あるか」を數へさせた。「これでは一日外へ出る事も出來まい」と思つた。そして大臣は例の通り出勤した。後でその子は矢張り朝から遊びに出て粒を數へる處では無い。その出がけに、小使に小さい箱を見付けて置かせた。

さて晩方歸つて來て、その箱を出させて、其れに米を入れ、その粒を數へさせ、又、衡を持つて來させて一斗の米の目方を計つた。さうしてその粒は幾粒と紙に書いて、大臣の前に出した、大臣は小使からその樣子を聞いて、大いに感心した。

其の時、ある郡に裁判が起つたが、それが判斷に苦しむ事件で、郡守は困つて政府へ持ち出した。政府で事實を調べて見ると、

或る家で三人死んで居る。一人は胸に傷があり、二人は金錢を持つて、其の眞中に酒瓶を置いて居る

といふので、「誰か他に下手人があるのか、」又は「三人が爭つたものか」或は

「他に原因があるのか」といふのが問題である。

政府の役人も皆首を捻つた、大臣はこれを以て又その養子を試験した。暫く考へた其の子は、何の造作も無く、早速に口を開いた。

其の三人は皆盗賊です。胸に傷のあるのは、酒を買ひに行つて、毒を酒に入れて其れを二人に飲ませ、自分一人で金銭を取らうとしたのです。けれど二人の方では、酒を買ひにやつた跡で、相談して、歸つて來た時それを殺して、其の酒を飲んだのです。

と答へた。それでこの皆の困つた難問題も、容易に解決した。

大臣は大いに喜んで、大事に育てた。この子は後に官に仕へて、立派な職に就いた。

狐の裁判

旅人が山道にさしかゝると、何處かで頻りに呼ぶ者がある。「何處だらう」と思つて其方此方を見廻しても、誰も居ない。そこで又、出かけやうとすると、又呼ぶ。それは虎が穽の中で呼ぶのであつた。

モシ〳〵人間さん、私はこの通り穽に陥つたから、出る事が出來ない。どうぞ棒を一本下して私を助けて下さい。その御恩は必ず報ゐます。

と云ふ。旅人は、虎を助けるなどといふ事が出來るものでない。そこで虎に向つて、

お前の樣な危險な奴をどうして助けられるものか、四五日食はずに居たらその中お前も樂になるだらう。少しの辛棒だ、我慢しろ。

と云つて出かけやうとすると、虎は一層悲しさうな聲を出して、

そんな情無い事を云つて下さるな。なる程貴公のいふ通、私は危險な奴ではあるが、助けて貰ふなら、その恩を忘れるといふ事はありません。どう

ぞ助けて下さい。

と頻りに頼む、旅人もとう〳〵惻隱の心を起して、一本の丸太を穴に渡しかけて、これを助けてやつた。處が、虎はその木を傳つて上つて來て、さて云ふには、

オイ人間。おれは今日で三日間何にも食はないので腹が減つて大弱りだ。お前が助けてくれた以上は、これから生きて居なければならない。就いては、ちと氣の毒だが、お前の肉を貰はなくてはならない。

旅人は之れを聞いて呆れて仕舞つた。さうして心の內で後悔した。信用の無い奴を信用したのは自分の落度であつた」と思つたが、今となつては追付かない。そこで旅人は虎に向つて、

お前の云ふ事は餘程無理だ。それでは恩を仇で返すといふものだ。

といふと、虎は、

無理な事は無い。腹の減つた時には、誰れでも構はない、食ふべき肉は遠慮無しに食ふのが當り前だ、少しも無理はない。

なか／＼承知しない。旅人は大弱りであつた。が、逃げる譯にも行かないから、更に虎に向つて、

それならば、どちらの理窟が正しいか、他の者に裁判して貰はう。そして私が負けたら、其の時はお前の餌食にならう。

と云つた。虎は「當然自分が勝つ」と思ふから、早速承知した。

互に連れ立つて牛の處へ行つた。牛が云ふには、

全體人間といふ奴は、不屆な奴である、我々も一年中重荷を負はせられたり、車を牽かせられたり、寒い日にも暑い日にも鼻を通して引張り回されて、目の回るほど使はれて、それで碌な食物もくれやしない、それのみか少し年取つて力が衰へると、殺して肉を食はれて仕舞ふ。人間程分らない

奴は無い、食つてやれ〳〵。

虎は之を聞いて、大得意になつた。

人間、どうだ。

と鼻を蠢かした。旅人は、

イヤ、彼れのいふ事はダメだ。今一度誰れにか裁判して貰はう。

とて、今度は松の樹の所へ行つた。松の樹は、

ソレは牛君の云ふのが正當だ、人間程不都合なものは無い。我々も小さい時は、何の彼のと世話をして、ヤレ雑木を伐つてやれ、下草を刈つてやれ矢鱈に枝を伐るなどとて、森林保護とか何とか云ふから、實際保護してくれるのかと思ふと、それは大違ひ、少し大きくなると、伐り倒して材木にするの、薪にするのと、平氣で亂暴をする。そんな奴は構はないから食つても差支へ無い。

と云ひ渡した。虎はます／＼得意になつて、
人間、どうだ、もう一言もあるまい。
旅人は、
松の云ふのは手前味噌の理窟だ。今一度誰れにか聽いて見て、それで負けたら其の時は食はれても仕方が無い。
と云つて、今度は狐の所へ行つた。狐は兩方の話を聞いて、
兩方で爭ふ處は、各々自分勝手の論だ。然し、この爭の元はどんなであつたか、虎君の云ふ處が本當かどうか、それを其の場に行つて調べて見やう。
と云ふ。虎は喜び勇んで、先に立つて行き、先の穽に案內して、
嘘も何も無い、おれがこの通り穽に落ちて居たのだ。
と云ひながら、自分からその穴に躍び込んだ。
狐は靜に口を開いて、

ア丶、之でよく分つた、それでは自分勝手の理窟はお互に止しにして、元のまゝに虎君はさうして居なさい。人間さんはこんな處にグヅ〳〵して居ないで早く自分の家に歸るが宜しい。これが公平な裁判である。と宣告した。

猿の裁判

狐が冬枯の寒空に、餌をあさりに出かけた。そちこちを回つて、段々人里近くに出た。すると、何處かに肉の臭がする。鼻を蠢かして其の臭を尋ねて行くと、犬が又その臭を嗅いでやつて來て、兩方が肉の在る所でバッタリ出遇つた。

おれが見付けたのだ。

オヤ、おれが先に見付けたのだ。

と互ひに爭つて居る。その噪を聞き付けて、猿がノコ〳〵とやつて來た。

何だ〳〵。

と聞くから、

これ〳〵だ。

と譯を話すと、

これは兩方が同時に見付けたのだから、半分づゝ分けるが正當だ。今おれが局外から公平に分けてやる。

猿はかう云つて、それを二つに引裂いた。すると一方が大きくなつた。狐も犬も一方が大きいので、大きい方を取らうとすると、猿は、

イヤ、待て〳〵、これでは一方が大きい、これでは不公平になる、その多い分だけ取つてやる。

と云つて、多い方から少しの肉を引裂いて、その分は自分の口へ投げ込んだ

處が、今度は引裂き過ぎたので大きい方が却つて小さくなつた。猿は又、これは又不公平になる。今度は此方を少し引裂かう。と云つて、早速その少しを分けて、その分も又自分の口へ入れて仕舞つた。今度も又引裂き過ぎた。猿は又前と同じ樣な事をした。さうして、その度毎に自分の口に肉を頰張る。幾度かこんな事を繰返す中に、問題の肉は影も無くつた。

犬も狐もこの猿賢い仕打に呆れて居ると、猿は澄して云つた。

お前等の爭の種が無くなつたから、今は爭ふ必要はない。お互ひに大人しく自分の家に歸れ。おれはお先へ失敬する。

さうして、す早く樹の上に昇つた。

虎に騎つた泥棒

ある所に李書房といふ大泥棒があつた。

一夜仕事に出て、ある家の外で、内の様子を窺ふと、それと殆ど同時に虎が一匹來て、李書房の傍で内の様子を見て居る。李書房も虎も、互ひにそれを知らなかつた。

内では子供が頻りに泣いて居る。その母は之を賺して、

　そんなに泣くと、虎に喰はせる。

といふが、子供はなか／＼泣き止まない。すると、母も困つて、

　それでは柿をやるから泣いてはいけない。

と云ふと、子供はヒタと泣き止んで仕舞つた。

虎は之を聞いて、大層驚いた。

　おれに喰はせると云つても泣いて居た子供が、柿をやると云へば、すぐに泣き止む。して見ると、柿といふ奴は餘程强いに違ひない。

と思ひながら、牛小屋の前に蹲つて、牛を喰はうとして居た。李書房は、「内ではゴタ〳〵して居るから牛でも引出さう」と思つて、行つて見ると、牛は小屋の前に蹲つて居るやうだ。

　これは幸ひだ。

と、行きなり引張り出した。虎は、

　おれを引張つて行く奴は、世間には無い筈だ。何でもこれは柿に相違無い柿の外におれを引張つて行く者は無い。迂濶に手を出すと、酷い目に逢ふだらう。

と思つて、大人しく引かれて行く。李書房は、途中で勞れたから、「一つ牛に騎つて行かう」と思つて、之に騎つてノソ〳〵と行く内に夜が明けて來た。村の人にも行き逢つた。村の人は、

　李書房は流石大泥棒だ、えらいものだ、虎に騎つて行く。

と驚いて見て居る。李書房はヒョット氣が付くと、なる程虎だ、慌てゝ飛び下りると、虎は柿に食はれない内にと、生命辛々逃げ出した。

李書房はゾッとしたが、虎が逃げてくれて好かつた。これから發心して、泥棒を止め、後にはその村の長に推選せられた。

虎と豹

ある人が山道を通ると、虎と豹とが出た。「これは大變だ」と思つたが、どうする事も出來ない。早速傍の大木に攀ぢ上つた。すると、豹はその後からのそ〱上つて來る。「さあ、これはどうしたものか」と絶體絶命、膽を潰して腹の力が全く抜けて仕舞つた。腹の力が抜けると同時に、パチが脱けて豹の頭にかぶさつた。豹はこの不意打に度を失つて、木の上から眞逆樣に落ちた。下に待つて居た虎は、「木から人が落ちたのだ」と思つたから、一嚙に噛み殺し、さてよく見ると自分の妻であつた。非常に驚いて虎は忽ち心臓が破れて死んでしまつた。

朝鮮では豹は虎の妻なりといふ

樹の上の人は、恐々ながらこの様子を見て居たが、この時悠々と下りて來て、この意外の獲物を持つて家に歸つて行つた。

虎の尻に喇叭

朝鮮の喇叭手が、郡守の命令で或る所に使に行つての歸りに、酒幕で酒を飲んで醉つてしまつた。こゝで一睡したいのだが、郡守に復命しなければならない大事の役目があるので、酒幕を出で郡廳に向つたが、途中で段々に醉が出て、とう／＼路傍に臥て仕舞つた。

居酒屋なり

誰か濡れ雑巾で顔を撫でる者がある。

何をしやがる。

と思つて、眼を細く明いて見ると、これは〳〵大變な事になつた。大きい虎が尻尾に水を着けて顔を叩くのであつた。喇叭手は「とても逃げる事は出來ない」と思ふと、急に落付いて、

大將。おれが目を覺すのを待つて居るのだナ。よし〳〵、今に見ろ。

虎は顔を叩いて、又尾に水を着けに川へ行かうと、尻を回した處を、喇叭手は尻の孔を狙つて力任せに喇叭の口を突込んだ。虎は驚いたの何のつて、一目散に飛び出す拍子に、ブッと一發放した。すると、尻には喇叭があるから恐ろしい大きい音がする。それから息をする度にブウ〳〵と音がする。走れば走る程息がはづんでその音はます〳〵大きく鳴る。虎はとう〳〵氣が狂つて死んで仕舞つた。

喇叭手は、この虎を擔つて郡守に復命したので、郡守から澤山の褒美を貰つた。

童　話……（二六二）

蜉蝣と虎

虎が何時も、
おれは山中の豪傑だ。
と云つて威張つて居た。他の獸類はその傲慢を惡んだが、どうにもならないので困つて居ると、蜉蝣が來て、
虎を懲すなどは譯は無い事だ。
と云ふと、獸共はこれを聞いて、
我々が皆手の出し樣もなくて困つて居るのに、お前などが何が出來るか、
少し身の程を考へてから口をきけ。
と笑ふ。蜉蝣は一層眞面目になつて、
我輩が力競べで勝てないのは知れた事だが、知惠競べをすれば勝てない事

はないのだ。皆がそんなに笑ふなら、我輩のする事を見て居てくれ。

と云つて、虎の所へ行つた。

虎はこの時、崖の上の岩の端に日向ぼつこをして居たが、蜉蝣は虎の目先に行つて、彼方へ飛び此方へ飛びする。虎は目まぐるしいので前足を擧げて追ひ拂つて居る。蜉蝣は集つては散り、散つては集りするので、虎は業を煮やして蜉蝣に飛び付いた、蜉蝣はパッと散つたから何事も無かつたが、虎は千仞の崖の下に落ちて、死んで仕舞つた。

蜉蝣は意氣揚々として、獸共の集つて居る所へ歸つて來た。

狐と蟹との競走

狐が山にばかり住んで居たが、ある時、海といふ所があることを聞いて、急に海が見たくなつた。

海に出て見ると、廣々として、大濤小波が寄せて來るし、白帆も通る、汽船も通る、鷗も飛ぶ、實に心持がよい。この景色に見とれて、頻りに感心して居ると、磯に這ふものがある。足が澤山ある。自分の足の數よりも餘程多い。狐はツト其の傍へ行つて、

お前は何といふ者か。

と問ふと、

僕は海に住む蟹といふ者だが、お前は誰か。

狐は、

僕は山に住む狐だ。今日は天氣が好いから、白頭山を朝の八時に出て、この黄海に着いたのが晝の十二時であつた。どうだ、僕の歩くのは早いものだらう。お前は海の底から此處まで出るに、どの位かゝるか。

と鷹揚に聞いた。すると蟹は答へた。

十日位かゝる。然し海の底は白頭山よりも遠いからナ。

狐は「白頭山より遠い」と云はれたのが癪に障つた。

遠い近いはどうでも好いが、お前は僕の樣に早く步く事は出來まい。

と云ふと、蟹も負けては居ず、

步けるか步けないかは競走して見なくては分らない。

ナニ競走、生意氣を云ふな、お前が競走が出來るなら、やつて見やう。

出來ない事は無い。お前一足先に出て居れ、僕は後に立つ。

そこで共に出發した。狐は餘程走つて、「蟹の奴まだ餘程後れて走つて來るだらう」と思つて、尻を回して後を見ると、蟹が先の方で、

オイ、今來たのか。

と云ふ。「これは」と周章てゝ、又走り出して、「最早大丈夫だらう」と後を振り向くと、

オイ、今か。

と云ふ。蟹は狐の尾を挾んで居たのである。狐は、

あいつ足が八本あるわい、あんな早い奴とはとても競走は出來ない。

と云つて、一生懸命に白頭山へ逃げ込んで仕舞つた。

猿の尻と蟹の脚

秋の空高く晴れて、人々は新穀を刈り、どこの家でも豐年を喜んでお祝の盃を擧げる頃であつた。一匹の猿が、食物を求めて段々里近く出ると、これも、今、川邊から餌をあさりに來た蟹に出遇つた。

互ひにその目的を話して、さて蟹が、

どうも何も見付らなくて困るナ。

と云ふと、

今この先の家で餅を搗いて居るから、あれを取つて食べやう。
それは好い物を見付けた。然し、それを盗むのはむづかしからう。
と云ふと、猿は額に皺を寄せながら、
それは造作も無い事だ。お前は家の中へ忍び込んで、寢て居る子供の手なり足なりを挾んで見ろ。さうすると餅を搗いて居る人たちは驚いて、其の方へ行くから、その後で僕は餅を浚つて來る。
と説明した。蟹は猿の智惠に感心して、
それは甘い、さあ取かゝらう。
その通すると、實に巧く行つた。猿は元來狡猾だから、その餅を持つたまゝ樹の上に昇つて、獨りで食つて居る、蟹は下から、
少し分けてくれ。
と云つても平氣で返事もしない。その中、どうした譯か、手を辷らして、猿

はその餅を取落したので、蟹は早速それを拾つて、岩穴の中へ逃げ込んだ。

猿は下りて來て、

その餅を半分分けてくれ。

と云ふと、蟹は、

これは餅では無い。餅はお前が今皆食つて仕舞つた。これは南瓜だ。

と云つて、ムシヤ〱食つて居る。猿は腹を立て、その穴へ尻を當てゝ、屁を放り込んだ。蟹はその尻に噛み付いた。

それから猿の尻の毛は皆拔けて、眞赤になつたし、蟹の足にはその毛が付いたのだといふ。

兎の尾

ある人が酒に醉つて、森の中に寢て居ると、そこへ大きな虎が來た。一體

虎を食ふ獸の名

虎は死んだ人や、睡つて居る人を食ふもので無い。そこで、尾を水に浸してその人の顔にふりかけた。その人が目を覺すと「さあ大變」「どうしたものか」と全く當惑した。早速の智惠で、腰からそつと鈴を取り出して、虎の尾に結び付けた。さうして、烟管で力任せに虎の尻を打つた。虎は驚いて、一足飛び退くと後で鈴が鳴る。「ハテ不思議」と思つて尾を振ると、又、ガランガランと鳴る。益々驚いて走り出すと、鈴が木の枝に絡み付いて取れて仕舞つた。けれども、虎は尚は走り續けると、途中で兎に逢つた。

どうした。

と問はれるので、虎は息を切りながら、

どうした處ではない。今ジウゼが後から追つて來るのだ。

兎は不思議に思つて、

誰も來ないではないか。

虎はなか〳〵承知しない。兎は、

本當に誰も來はしない。大丈夫だから、一緒に行つて見やう。お前がそんなに恐ろしいならば、尾と尾とを葛で繋ぎ合せて行かう。

虎も兎がそれほどに云ふのだから、少し落付いて、又戻つて來ると、丁度鵲が山葡萄の實を食つて居た。が、さきに虎が振り落した鈴を咥へて、樹の上に飛び上つたが、山葡萄でないので、下に落した。その時、鈴が又ガラ〳〵と鳴ると、虎は、

それ又來た。あれがジウジだ。

と云つて、一目散に走り出した。

この時兎の尾は切れて、今の樣に短くなり、虎の尾に付いた葛は段々腐つてその痕が斑になつたのである。

鮃の目と鯰の頭

ある時鯰は夢を見た。けれどもその吉か凶かが分らないから、鮃の所へ行つて判斷して貰つた。

「僕は昨夜かういふ夢を見た。家から出ると、一本の繩がある。その繩を握ると、スル〳〵と天へ上る。段々上ると大層明るくなつた。まるで夜が明けた樣だ。その時僕は湯に入り水を浴び、腰掛に腰を下して四方の景色を見て居る。」これはどんなものだらう、吉か凶か。

といふと、鮃がいふには、

それは大變だ、よい夢どころではない。お前が繩といふのは釣の絲で、天に上つたといふのは、お前が人に釣上げられるのだ、湯水に入つたといふのはお前が體を洗はれるので、腰掛は俎の事だ。お前はその中に、人に釣上げられるといふ前兆だ。大いに氣を付けなければいけない。と判斷した。

鯰は大層吉い夢の積りで來たのが、こんなに反對に解釋せられて、不愉快でたまらぬ。

オイ。貴公は人の夢を殊更に惡く判斷するのだな、失敬な奴だ。

なんだ、凶い夢だから凶いと敎へてやつたのに不思議は無からう。

馬鹿をいへ、そんな意地の惡い判斷があるものか。

鯰は腹立まぎれに鮃の頰ぺたをなぐり付けた。すると、鮃は負けて居ず、鯰の頭を踏みつぶした。

それから、鮃の目は一方に寄つて仕舞ひ、鯰の頭は平たくなつた。

蟾蜍の腹

虎と兎と蟾蜍とが偶然に出遇つた。處が三匹ともに餅が好きなので、
餅が食べたいものだが、何處かで見付けて來る事は出來まいか。
と話して居ると、丁度其處を旅人が餅を背負つて通る。すると、兎は目さとく見付けて、
オイ餅が來た。噂をすれば影といふのはこれだ。虎君早く行つて取つて來ないか。
虎は兎に云はれるまでも無い、すぐ出て行つた。旅人は韋駄天走りに逃げたその時只一つ餅を落したのを、虎は拾つて來た。
吾々でこの一つの餅を分けるとすれば、餘り小さい。何か面白い事をして見たい。
と虎が云ふと、兎は、
酒によく醉ふ者が食ふ事にしてはどうだ。

と發議すると、忽ち皆賛成した。

すると虎は云つた。

僕は酒は大嫌ひだ。本當に酒屋の前を通つても酔つて仕舞ふ。

兎は默つて聞いて居たが、「虎の奴なか〳〵甘い事を云ふな」と思ひながら、

僕は麥畑に入つてさへ、すぐに酔つて眼の球まで赤くなる。

と云ふ。虎はガッカリして居ると、兎は得意である。まづ「餅はおれのものだ」と考へた。その時、蟾蜍は突然に地に倒れて目を回した。虎と兎とは驚いて、

どうしたのか、シッカリしなくてはいけない。

兎はかう云ひながらも、心の中では、「蟾蜍の奴おれに餅を食はれるので、かなしくて氣を失つたのだ」と思つて居ると、蟾蜍は漸く正氣付いて靜かに眼を開いて、

僕は酒の話を聞いてさへ、この通りだ。

そこでその餅は蟾蜍の腹に入る事になつた。蟾蜍の腹の大きいのは、獨りで其の餅を食つたからである。

龜と兎

昔、龍王が病氣になつて、今にも死なうとした。いろ／＼術を盡したが、少しも効が無い。家來共は皆心配して居る。その時鼈が云ふには、王樣の病は兎の肝を食し上れば、すぐに癒ります。

一同は喜んだが、さて兎の肝をどうして取るかが大問題だ。すると龜が、私が兎を連れて參りますから、來たなら皆で肝を取つたら好いでせう。

王樣は龜を兎の處へ遣つた。

龜は兎の家まで行つて、

明日龍王の所にお祝があつて、澤山御馳走がある筈、それで、「貴公にも是非來て貰ひたいから、呼んで來い」との事で、私が御迎ひに來たのです。どうか私と一緒に御出でなさい。

と丁寧に云つた。兎は喜んで龜の背に乘つて龍宮へ行つた。龍宮に着いて見ると、その立派な事は、とても今まで居た兎の穴とは違つて居る。一同は、

早く殺して肝を取れ。

と噪ぎ立て、いろ／＼の魚が集つて兎を縛り上げた。兎は何の譯とも分らないので、

私は罪も無いのに、どうして私を縛るのか。

と怨めしさうに云ふと、龜が云ふには、

なる程、お前は罪も何も無いのだ、今わが王樣は病氣に罹られて、その病氣はお前の肝でなければ癒らない。だから氣の毒だが、今お前の肝を貰ふ

のだ。

兎は「これは飛んだ所へ連れて來られたものだ」と後悔したが、グヅ〳〵して居れば殺されるから、聲を和げて、

それはよく分りました。だが皆さんは御存知無いだらうか、私の尻には三つの孔があります。一つは大便、一つは小便をする孔で他の一つは肝を出し入れする孔であります。私共の仲間は、毎月一日から十五日までは、肝を腹の中に入れて置くが、十六日から月末迄は山の木の枝にかけて置くのです。今朝龜君が來られての話に、只私に甘い御馳走をしてくれるとばかり云ひますので、私は肝を木の枝にかけて置いたまゝ、急いで來たのです。王樣がそれでお癒りになるといふなら、これからすぐ歸つて持つて參りませう。今私を殺しても、腹の中に肝はありません。

と誠しやかに說明した。一同は、

それでは殺しても仕方がない。又御苦勞でも龜君に御足勞をかけて、一緒に行つて、木に掛けてある肝を持つて來て貰ふ方が好からう。

龜は又元の通に兎を背に乘せて出かけた。

兎は岸に上つて、龜を捕へて、

この噓つきめ、よくおれを欺したなどうするか見ろ。

とて、龜の首を持つて力に任せて引拔いて、それを尻に挿して、兎は山へ行つて仕舞つた。

龜は首が痛くて／＼困つた。四五日首を縮めて動かないで居たが、それからそろ／＼出して見て、「これは却つて都合が好い首になつた」と喜んだ。

仲の悪い狗と猫

ある人が妻に賴まれて狗を買はうとして、市場に出る途中、ある者が病に攫つた狗を捨てに來たのを見て、それを憐んで買つてやつた。すると、又猫を捨てに來た人に遇つたから、又それをも買つた。そこで、猫と狗とを連れて歸る途中、蟹賣に逢つた。蟹はこの人の情深いのを知つたと見えて、籠の中から聲をかけて、

私を助けて下さい。

と云つた。そこで、又その蟹を買ひ取つて川に放してやつた。それから又歸ると、子供等が集つて蛇を殺して居る。それを丁寧に葬つてやつた。するとその蛇の墓から一本の竹が生えて、それに一本の針が出來た。その針はどんな病氣でも療治することの出來るもので、大層珍しいものだから、これを寶針と名付けた。

この人の友が川向に居つたが、この人が寶針で病氣を直して財産を殖やしたのを見て、慾心を起して、ある日自身で出かけて來て、

その寶針を貸してくれ

と申込んだ。この人は情深い人だから、早速これを承知して、

どうぞお使ひなさい、どんな病氣でも直ぐに直ります。

丁寧に使用法を敎へてやつた。

ところが、何時まで經つても返さない。餘り長くなるから催促すると、兎や角云つて、なか／＼返しさうにもない。

その時、狗と猫とは小屋の前で相談を始めた。

お互ひにこの樣に安樂に暮すことの出來るのは主人のお蔭である。聞けば寶針を取られて困つて居るさうである。これから行つてそれを取戻して來やうではないか。

と云つて、早速に出かけて行つた。

向ふに到着して、犬は外に番をして居たが、猫は倉庫の中に入つて鼠を集

めて、寶針のある所を尋ねた。その中の大きい鼠が答へたのは、

主人はそれを枕の中に入れて置くのです。

それではそれを盗んで來い。

どうして〳〵、それが盗めるものですか。主人は大層大事にして、少しも油斷なく守つて居ります。

いくら大事にして居ても、人間には隙があるから盗めない事はない、若し盗んで來ないなら、この倉庫の中の鼠を一匹も殘さず食つて仕舞ふ。

どうも鼠共は弱つた。が仕方が無い。「どうせ殺されるな盗みに行かう」と思つて、一匹の老鼠が云ひ出した。

今夜必ず盗み出して參ります。

老鼠は倉庫の中で最も機敏な一匹に命じて、

枕を嚙み破つて持ち出せ。

命せられた鼠は、流石は選拔せられただけあつて、その夜首尾克く使命を果した。

さあこれで好い。

と喜んで、猫と狗とは連れ立つて川端まで來て、猫は針を口に啣へて狗の背に乘つて、川を渡り始めた。中程になつて、狗は、

針を啣へて居るか。

と問ふと、猫は口に啣へて居るから、返事をする事が出來ない。狗は「猫が返事をしないのは、多分落したのだらう」と疑つて、度々問ふので、猫は仕方なしに、

大丈夫だ、啣へて居るから安心してくれ。

と云ふと同時に、針は水の中に落ちた。

川を渡つてから、狗は猫の口を見ると針が無い。大層怒つて、そのまゝ先

に家に歸つた。

猫は殘念に思つて、川端に居ると、蟹が一匹來て針を出してくれた。猫は幾度も蟹に禮を云つて、それを主人に返してやつたから、主人は大喜びで猫の功を譽め、それからは家の內何處でも自由に步くことを許した。それに引かへ、犬は一年中外で飼ふ事になつたのである。

足折燕

昔、沒夫と興夫といふ二人の兄弟があつた。兄の沒夫は慾深く、村中の人から惡まれたが。弟は兄とはその性質が全く異つて、慈愛の心も深く正直で誰一人としてこれを褒めぬ者はなかつた。それだのにどういふ譯か、兄は富み榮え、弟は貧乏で、その差は甚しいものであつた。

ゐる年の春、興夫の家に燕が飛んで來て、軒に巢を構へて、多くの雛を養

つて居た。その時大蛇が來てその雛を食つた。その中の一羽は巣から落ちて足を折つた。これを見た興夫、

はこれは可哀さうだ。

と云つて、藥を塗つて絲で括つて療治をしてやると、十日ばかりで全治したそれから江南國へ飛んで行つた。興夫は、あゝして自由に飛べるやうになつたから世話をしてやつた甲斐があつた。

と喜んで居た。

燕は江南國へ行つて、國王にその事を話すと、

それは親切の人だ、それに報ゐなければならない。來年行く時までには、何かお土産を考へて置かう。

と云はれた。

翌年の三月三日に、燕は「報恩瓢」といふ瓢の種子を一粒持つて來て、興

夫の前に出した。興夫はこれを庭の隅に蒔いて置くと、暫らくして芽が生え段々成長して花が咲き、大きな瓢が數十といふ程出來た。興夫はこれを取つて、その中の一つを鋸で割つて見ると、青衣を着た童子が色々の仙藥を持つて現はれて、之を興夫に與へた。そして、忽ち童子は見えなくなつた。又一つを割つて見ると、家財道具が澤山出た。又一つ割ると、五穀も出、衣服も出た。又一つ割ると、大工が大勢出て、忽ち立派な家を建ててくれた。そして興夫は樂しく暮すことが出來た。

兄の沒夫は弟の興夫が、燕から瓢の種子を貰つて、財産を殖した事を聞いて、自分も大きな瓢を作らうと思つて、燕の來たのを幸ひに、石塊を投げてその足を折り、それから藥を塗り、絲で括つて巣の中へ入れてやつた。さうすると、九月九日に燕は江南に飛んで行つた。そして、燕はこの事を王樣に話した。

足折燕……(二八五)

その翌年王様は「報讎瓢」といふ瓢の種子を燕に持たせて、沒夫の家に送つた。

沒夫は大喜びでこれを蒔いて、さて、

これでおれも大金持になれる。

と獨りニコ〳〵して、毎日畑を見廻つて、

早く大きくなれ、早く花が咲け、早く實がなれ、早く寶が出ろ。

とて、何事も打捨てゝ、瓢の熟するのを待つて居た。沒夫の丹精もその甲斐があつて、十個の瓢が付いて日々に大きくなる、肥料も多く、世話も好かつたので、興夫のよりも大きく出來た。沒夫は早く中を見たくて仕方が無い、その中によく熟したので、十個を皆切つて來て、家内中の者を集めて、これから大金持になるのだが、まづ第一に大きい瓦葺の家を建てやう。それから大門も建て直さう。田地も買はう。イヤ〳〵そんな事は後廻しとして、金の一萬兩も、政府に献納して、郡守なり觀察使なりになる方が好からう。

など〻云ひながら、まづ大きいのを一つ割つて見た。すると、中から出たのは伽倻琴を彈く者が、種々の惡戯をして、金錢を奪ひ去つた。又一つ割ると老僧が出て、念佛をして金錢を强請つて行つた。沒夫は案外であつたが、又一つ割ると、喪人が出て、アイゴウ〳〵と泣きながら、葬式の費用を奪ひ去つた。その次には大きい箱を背負つた者が出て、瑤池鏡を見せて金を持つて行つた。その次には浮浪者が大勢出て、樣々な亂暴をして、その揚句に金を持つて逃げた。第七には八道の盲人が出て、沒夫を打ちのめしてこれも金を持つて行つた。この樣に割るのも〳〵皆寶は出ない。沒夫は最後の一つをも割つて見た。これこそ寶が出るだらうと思ふと、豈圖らんや、大小便が迸り出て、沒夫の家を埋めて沒夫は住む所が無くなつた。

仕方なく沒夫は弟の家に厄介になつて、一生を送つた。

太陽と月

昔、ある婦人が中年で夫に別れ、三人の子の成長を樂みにして、貧しく暮して居た。

この婦人が、ある日隣村に行つて、夜になつてとぼ〳〵と山道を通ると、生憎虎に出逢つた。逃げては見たが、それは無駄であつた。忽ちその餌食になつた。

そんな事とは知らぬ三人の子供は、母の歸りの遲いのを怪みながらも、

もう歸りさうなものだ。

と話し合つて居ると、母は歸つて來た。三人の子供は大層喜んだが、一番末の子は、ぢきに眠つて仕舞つた。

母はその眠つた子を抱いて、臺所で飯を炊き始めたから、二人の兒は、
早く御飯を食べたいな。

と思ひながら待つて居ると、臺所で、何か骨を嚙むやうな音がする。二人は覗いて見ると、母は何か食べて居る。

お母さん、何か食べて居るの。

と妹が聞くと、
今、豆を食べて居るのよ。

と答へる。その中、又先の樣な音がするから、今度は兒が聞くと、母は又先の樣に答へる。兒妹はそれでも、豆を嚙むのとは音が違ふので、內々覗いて見たら、今まで眠つて居た弟の手を折つて其の指を食つて居る。それぱかりでなく、母は大きい虎になつて居る。

兒は妹を連れて、そつと裏戶を出て、井戶端の大きな樹に上つた。母はこ

の時弟を食つて、又二人を食はうとして來て見ると、一人も居ない。さてはと思つて裏庭に來ると、木の上で人の聲がする。母は木の下に來た。二人は生きた心も無かつた。

お前等はどうしてその高い所へ上つたか。

兄は恐ろしいが返事をしないでは居られない。

胡麻の油を幹に塗ると、たやすく上れます。

母は家からそれを持つて來て、樹に塗つて上らうとすると、辷つて上れない妹は何心なく、

斧で幹に傷を付けて、足がかりを付けさへすれば、誰にも上れる。

と云つた。母は又家へ行つて斧を持つて來て、樹に足がかりを付けながら上つて來る、二人の命は最早助り樣が無い。兄は、

神樣よ、どうぞ私共を救つて下さい。

と禱つた。すると、一條の綱が下つて來たから、二人はこれを握ると、綱はスル〳〵と上つて行く。母も同樣に祈ると、又一本の綱が下つて來た。喜んでこれを握ると、これもスル〳〵と上つて行つた。が、その綱は朽ちて居たから、途中で切れて、眞逆樣に落ちた。落ちたのを見ると、大きな虎が、折しも取入れをしたばかりの高粱の切株に刺されて、死んで仕舞つた。

二人は天に上つたが、兄は月になり、妹は太陽になつた。太陽は女であるから正視することは出來ぬ。又高粱の株の赤いのは、その虎の血が付いて居るのである。

郭公

ある處に靑年があつた。この人は大層勤勉で、毎朝早く野に出て、草を刈りそれを賣つて生活して居ました。ある霧の多い朝、例の如く池の邊で草を刈つて居ると、何か松の木でヒラ〳〵して居るものがある。行つて見ると夢にも見た事の無い奇麗な着物だから、その青年は喜んで、草籠に入れて餘念なく又草を刈つて居る。その時に、仙女が水浴をして出て來て、着物を尋ねるが、どうした譯か置いた所に無い。そこで、この青年の所に來て、

あなたは私の着物を拾つたでせう。あれは天人の羽衣といふもので、私はあれが無くては天へ上れません。どうか返して下さい、今に朝日が出るが私は朝日の出る前に上らなければなりません。

と願つたけれども、青年はなか〳〵聽かない。その中に日も出たから、仙女は大そう周章へた。

青年は總角だから、

未婚者を云ふ

あなたはさう云ふが、私は拾つたものだからたゞ返す譯には行かない、私の妻になるならば返しませう。

と云ふ。天女がいくら願つても頼んでも聽かないから、仙女も仕方なくて、遂に夫婦の約をして、青年の家に歸つて來た。それから七八年も經つ中に、子供が二人生れたから、夫は「もう大丈夫だらう」と思つて、ある日羽衣を出してやつた。その年五月五日は端午で、朝鮮の女共は平常は家の中に居るのに、この日ばかりは皆外出するから、この夫も妻の爲に鞦韆を造つた。妻は喜んで、一人の子を背負ひ、一人の子を抱いて、鞦韆を搖つて、段々高く勢を付け、そのまゝ天へ上つて仕舞つた。

夫は失望して立つて居たが、何の氣なしに南山に登ると、山腹に兎が喧嘩をして居る。

どうした／＼。

と云ふと、一匹の兎は、

私がこの木の實を拾つて取らうとすると、彼れがそれを奪らうとします。

この木の實を蒔けば天へ屆くほど大きくなるのです。

この人は「天へ屆く」と云はれたので、それが欲しくなつた。

お前等が爭つて居ても仕方が無いから、一層の事それを私にくれないか。

兎もそれがよからうと思つて、

その方がよい、お上げ申します。

と云ふから、青年は幾度もお禮を述べて、その種を庭に蒔いた。

芽が出てそれがズン／＼伸びる。一年も經つ中に天に屆いた。青年はその木から段々上つて、とう／＼天まで上つて、天の川の岸の柳の木に上つて居た。すると其の下に仙童が水浴に來て水に映つた人の影を見て、吃驚したやうだつたが、忽ち「自分の父だ」といふ事を知つて、一緒に家に歸つた。妻も喜んだが、只妻の父は、「人間が天界に來るのは不都合だ」と云つて、種々の難題を云ひかけた。その時妻は内々計を教へて、其の都度無事に濟んだ

が、ある時又、矢を人間界に射落して、
その矢を拾つて來い。
と命じた。青年は又妻に話すと、妻は馬を一匹引いて來て、
この馬は天地間を上下する馬でございます。これが二度嘶けば天に上りますから、一度嘶いた時、すぐに乘らなければなりません。
と云つた。
この青年は矢を拾つて、歸りがけに妹の家に立寄ると、妹は久し振で會つたのを喜んで、瓢簞汁を作つて御馳走をした。青年はこれを食はうとする時馬は一聲高く嘶いた。青年は妻君の教へを考へ出して直ぐ乘らうとすると、
折角作つた御馳走を食はないといふ事はない。この次には何時會ふのか分らない、是非食べて行つて下さい。
と云ふので、「それもさうだ」と思つて、大急ぎで食べて居る中、又一度嘶い

たと共に天に上つて仕舞つた。

この青年は、郭公になつて、ぱくくく（뻐꾹）と鳴いて居る。それは「瓢簞汁」と云ふ意味である。

餅食ひ

昔々、大そう餅の好きな男があつた。この人は不斷飯も食はないで餅ばかり食つて居た。それで、その名も四方に響いて、餅好きといへば誰も知らない者も無い位だつた。

その時支那から、「朝鮮で最も名高い人を送つてくれ」といふ註文でしたから、朝鮮では、いろ〳〵の學者、美術家等の名高い者を集めたが、それらは何れも甲乙が無くて、誰と極める事が出來ない。するとある人が、

今こゝにお集りの方々は皆立派な名高い人ではありますが、私の知つて居

る最も名高い者はあの「餅好き」程の者は無い。あれに並ぶほど名の聞えた人がありませうか。

と云ふと、一同はハタと手を拍つて、皆それに同意した。それ故その「餅好き」を支那に送る事にした。

「餅好き」は不意に呼び出され、立派な轎子に乘せられて支那に送られた。支那では今朝鮮で最も名高い人が來るといふので、學者を出して、出迎ひかた〳〵試驗をして見る事になつて居た。

いよ〳〵到着したので、出迎ひの方では出し拔けに兩方の指を合せて圓くして見せた。「餅好き」は「ハハア、これは自分が支那語が分らないと思つて、仕方をして見せるワイ」と思つたから、矢張り只同じ樣に指を合せて四角にして見せた。出迎ひの方はチト驚いた樣であつた。すると又指を三本出した。「餅好き」は今度は五本出して答へた。出迎ひはそれからは、ます〳〵

丁寧に待遇して、やがて宮中に入ると、天子様も種々と待遇をして、澤山の褒美をくれて返した。

「餅好き」が歸つて朝鮮の王様に遇つて、この事を話しますと、王様はそれはどういふ譯かと問はれた。「餅好き」は、

私が餅の好きな事を知つて居たと見えて、私が行くと、いきなりに出迎ひの人が「粟餅が好いかと問ひますから、私は「粟餅はイヤだ米の餅がよいと指を出して四角にして見せました。すると、「三つ位でよいか」云ひますので、私は「三つでは足らない五つ位食べる」と答へたのです。それでいろいろの御褒美を頂いて參りました。

と答へた。一體朝鮮では粟餅は丸く、米餅は四角に拵へるのが普通である。

王様は大層お笑ひになつて、

それはよかつた。然し、出迎ひの人が指を圓くして見せたのは「天圓卽ち

「天の圓い事を知つて居るか」といふ事だ。お前が四角にして見せたのは、「地方即ち地の角な事も知つて居る」と解釋してくれたのだ。それから指を三本出したのは「三綱の事はどうだ」といふ意味だ。それにお前が指を五本出したから、先方では「三綱どころか五常の事も知つて居る」と解釋したと思つたに違ひない。まづ〳〵旨く行つた。

とお褒めになつた。

餅食ひ……………（二九九）

寓　　話……（六〇〇）

朝鮮に於ける傳說　畢

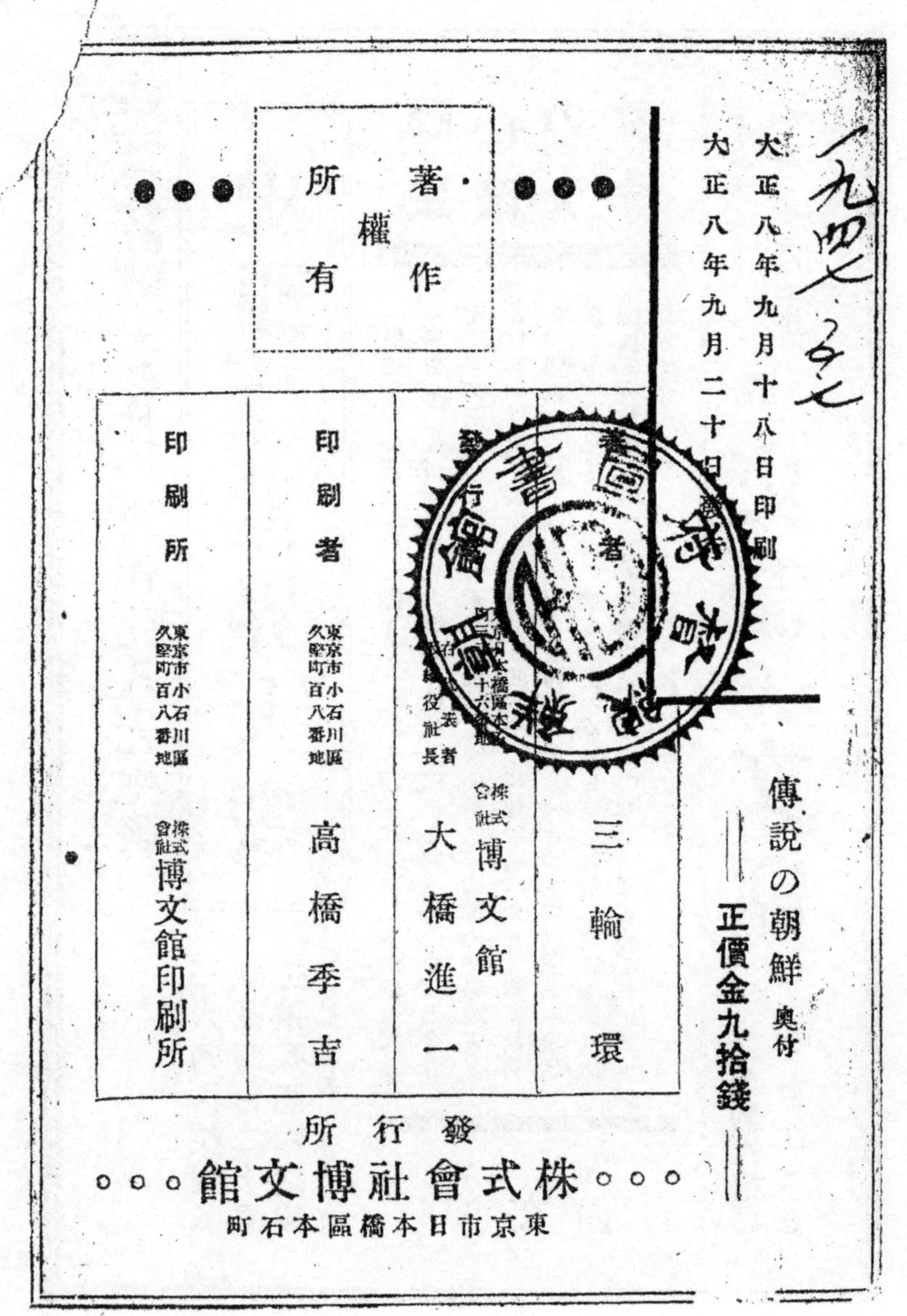
大正八年九月十八日印刷
大正八年九月二十日[illegible]

傳説の朝鮮 奥付

正價金九拾錢

著作權所有

著者　三輪環

發行者　東京市日本橋區本石町十六番地　株式會社博文館　代表者 取締役社長　大橋進一

印刷者　東京市小石川區久堅町百八番地　高橋季吉

印刷所　東京市小石川區久堅町百八番地　株式會社博文館印刷所

發行所　株式會社博文館
東京市日本橋區本石町

이시준 숭실대학교 일어일본학과 교수
숭실대학교 동아시아언어문화연구소 소장
일본설화문학, 동아시아 비교설화 · 문화

장경남 숭실대학교 국어국문학과 교수
한국고전산문, 동아시아속의 한국문학

김광식 숭실대학교 동아시아언어문화연구소 전임연구원
한일비교설화문학, 식민지시대 역사 문화

숭실대학교 동아시아언어문화연구소
식민지시기 일본어 조선설화집자료총서 7

전설의 조선

초판인쇄 2013년 06월 21일
초판발행 2013년 06월 25일

저　　자 미와 다마키
편　　자 이시준 · 장경남 · 김광식
발 행 인 윤석현
발 행 처 제이앤씨
등록번호 제7-220호
책임편집 최인노 · 김선은 · 주수련

우편주소 132-702 서울시 도봉구 창동 624-1 북한산현대홈시티 102-1106
대표전화 (02)992-3253
전　　송 (02)991-1285
홈페이지 www.jncbms.co.kr
전자우편 jncbook@hanmail.net

ISBN 978-89-5668-958-6 94380　　**정가 46,000원**
978-89-5668-909-8(set)

본 도서는 2012년 정부(교육과학기술부)의 재원으로 한국연구재단의 지원을 받아 수행된 연구임(NRF-2012-S1A5A2A03-2012S1A5A2A03033968)